AF458957

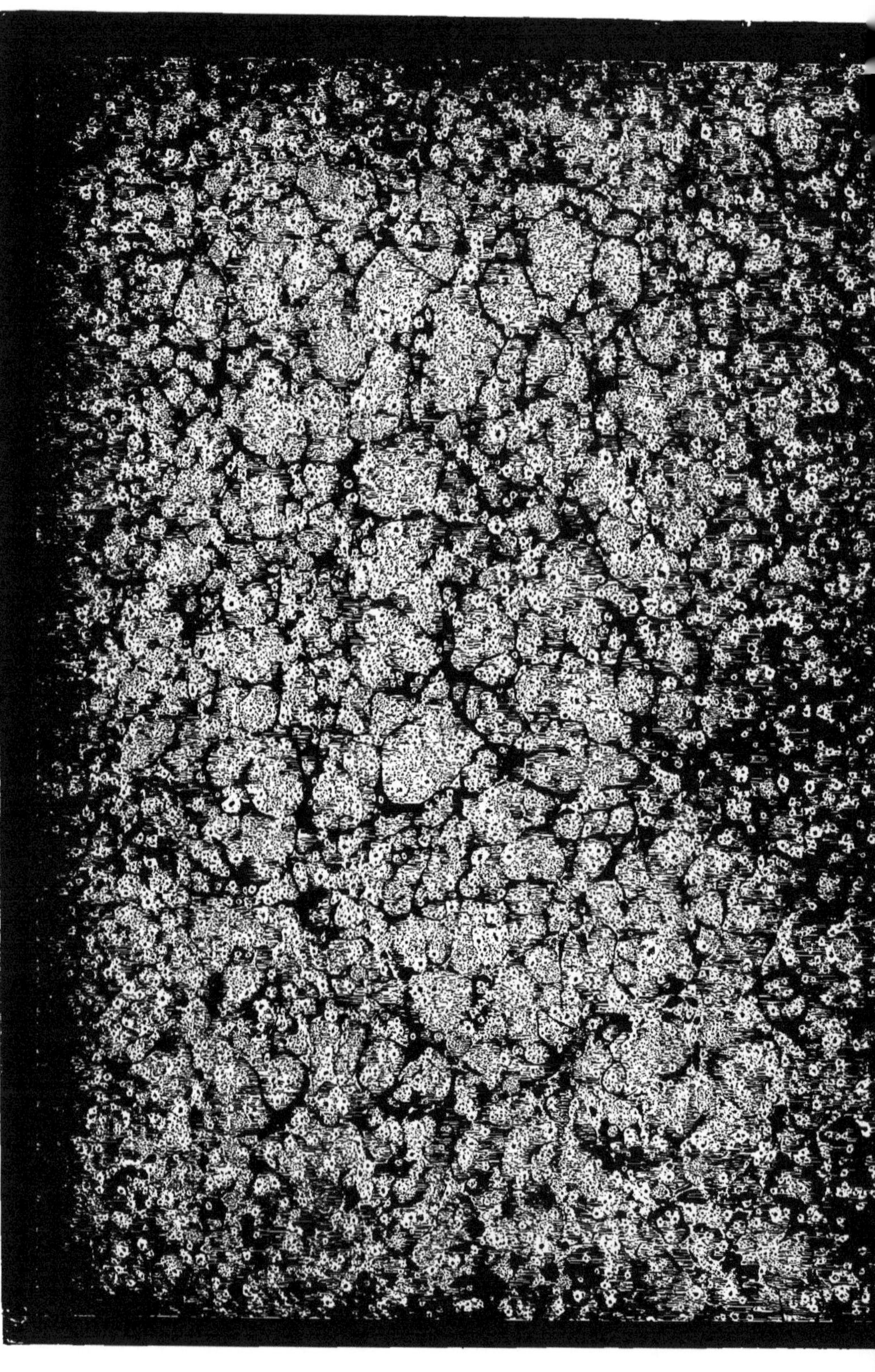

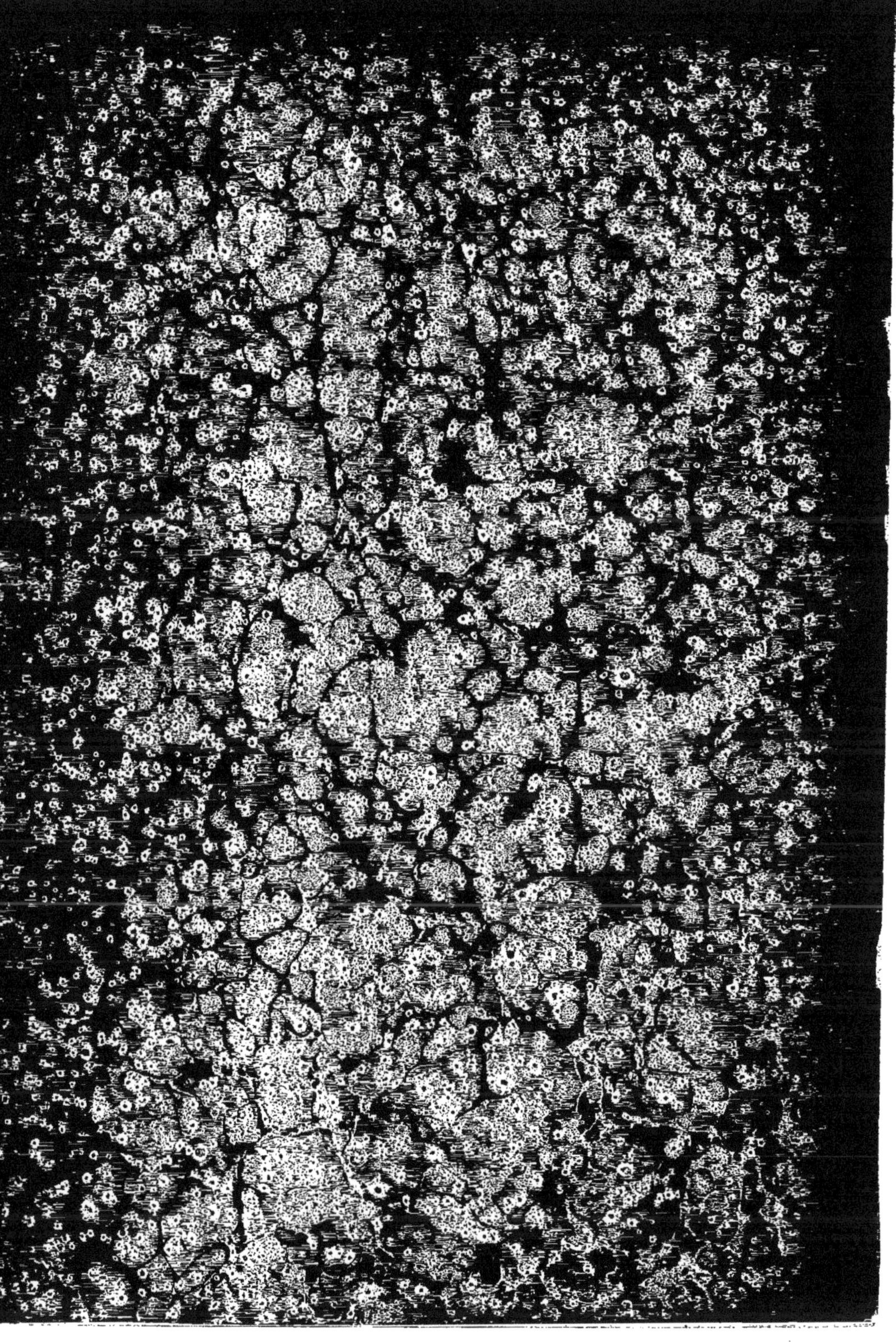

Titre

Exposition
du
3e Centenaire
de Plantin

1/2 toile de soie couleur voyante, pièce
carton mince ... plats fantaisie,
~~ent~~ entièrement non rogné,
sauf en tête, légèrement ...

TROISIÈME CENTENAIRE

DE

CHRISTOPHE PLANTIN

ANVERS, 1890

4° Z Le Senne 8871

SCEAU DE LA VILLE D'ANVERS, XIIIe SIÈCLE

D'après le sceau conservé aux Archives de France.

LE CERCLE

DE LA LIBRAIRIE

DE PARIS

à l'Exposition du Livre

CATALOGUE

PARIS

117, BOULEVARD SAINT-GERMAIN, 117

JUILLET 1890

MARQUE DE CHRISTOPHE PLANTIN, 1557

Un cep de vigne avec une légende latine qui signifie : « La vraie vigne c'est le Christ »

CONSEIL D'ADMINISTRATION

PRÉSIDENT

M. Templier (Armand), ✻, libraire-éditeur.

VICE-PRÉSIDENTS

M. Chamerot (Georges), [NC], ✻, ✠, imprimeur.
M. Chardon (Charles), ✻, A. ✿, [NC], ancien imprimeur en taille-douce.

SECRÉTAIRE

M. Belin (Henri), I. ✿, ✠, [NC], libraire-éditeur.

TRÉSORIER

M. Bouasse-Lebel (Henri), A. ✿, ✠, [NC], éditeur d'estampes.

CONSEILLERS

M. Durand (Auguste), [NC], éditeur de musique.
M. Erhard (Georges), ✻, [NC], graveur sur pierre.
M. Firmin-Didot (Maurice), imprimeur-libraire.
M. Gauthiers-Villars fils (Albert), A. ✿, imp.-libraire.
M. Gruel (Léon), A. ✿, [NC], relieur-libraire.
M. Gruintgens, fabricant de papier.
M. Hetzel (Jules), O. ✻, A. ✿, ✠, [NC], libraire-éditeur.
M. Jeancourt-Galignani, libraire.
M. Odent (Xavier), marchand de papiers en gros.
M. Roger (Antonin), [NC], libraire-commissionnaire.

SECRÉTARIAT DU CERCLE

Hôtel du Cercle de la librairie, boulevard Saint-Germain, 117, *à Paris.*

M. Just Chatrousse, A. ✿, Secrétaire-Gérant.

MARQUE DE CHRISTOPHE PLANTIN EN 1583

Un compas tenu par une main, sortant des nuages, qui trace une circonférence, avec une devise latine qui signifie : « Par le travail et la constance. » — L'écusson est soutenu par deux personnages dont l'un, à gauche, un laboureur s'appuyant sur une bêche, représente le travail ; l'autre, une femme tenant une croix, est l'emblème de la persévérance chrétienne.

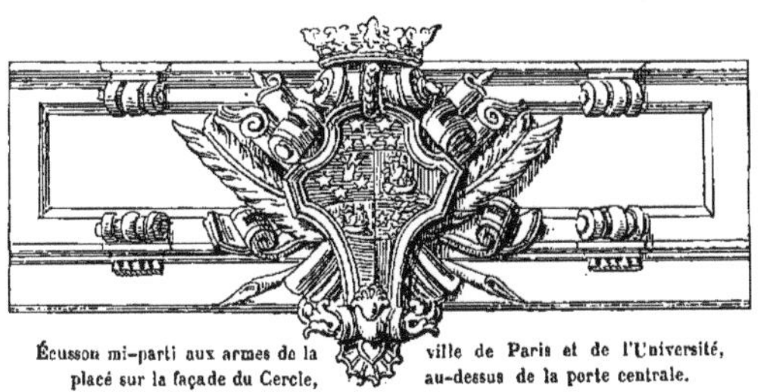

Écusson mi-parti aux armes de la ville de Paris et de l'Université, placé sur la façade du Cercle, au-dessus de la porte centrale.

NOTICE

SUR LE

CERCLE DE LA LIBRAIRIE

DE PARIS

La ville d'Anvers se prépare à célébrer le troisième centenaire d'un de nos compatriotes, qui fut un des plus grands imprimeurs du seizième siècle et qu'elle place à juste titre au rang de ses plus illustres citoyens.

Pour donner à cette fête une physionomie qui la définisse et la caractérise, elle a décidé d'ouvrir, sous son patronage et sous celui du Gouvernement, une exposition technique internationale du *Livre*, dans laquelle seuls pourraient figurer *des spécimens, se recommandant par une exécution matérielle supérieure, attestant un sérieux perfectionnement ou offrant la solution de quelque problème de bon marché.*

Le Cercle de la Librairie de Paris devait son hommage au grand maître en l'art typographique dont il s'agit d'honorer la mémoire. Plusieurs de ses membres, après s'être constitués en syndicat, ont réuni en une seule exposition collective les spécimens les plus intéressants de leurs produits. On en lira la nomenclature détaillée dans le présent catalogue. Il nous a paru bon de la faire précéder d'une courte notice sur notre *Cercle* lui-même.

Le Cercle de la Librairie, de l'Imprimerie, de la Papeterie, du Commerce de la Musique et des Estampes, etc., est une association de membres appartenant à toutes les professions qui concourent à la fabrication du livre et à la diffusion de la pensée et des arts. Il a pour siège un hôtel situé sur le boulevard Saint-Germain, construit par l'éminent architecte Charles Garnier, et inauguré le 4 décembre 1879. C'est là que tient séance son Conseil d'administration et que se réunissent les Chambres syndicales des diverses industries du Livre, le Syndicat pour la protection de la propriété littéraire et artistique, la Commission d'arbitrage et celle du timbrage des estampes et des éditions de luxe. C'est également dans ses bureaux que se publie *la Bibliographie de la France, Journal général de l'Imprimerie et de la Librairie*.

La fondation du Cercle remonte à l'année 1847, et l'initiative en est due à un libraire, M. Hébrard, domicilié alors rue de Savoie. Convaincu de ce que devait avoir de fécond pour nos industries une concentration d'idées et d'efforts visant avant tout l'intérêt général, il convoqua dans sa demeure un grand nombre de confrères. Dix-sept répondirent à son invitation. Parmi eux nous remarquons les noms de MM. J.-B. Baillière, Debure, Jules Delalain, Hingray, Mathias et Pagnerre.

Le 5 mai 1847, date de la fondation réelle du Cercle, eut lieu à la mairie du XIe arrondissement (aujourd'hui VIe), sous la présidence de M. J.-B. Baillière, président du Comité d'organisation, la première assemblée générale. L'acte de société reçut la signature de tous les membres présents et l'on procéda à la nomination du Conseil d'administration. M. Ambroise Firmin-Didot fut proclamé président du Cercle; MM. J.-B. Baillière et Hingray furent nommés vice-présidents; M. Pagnerre secrétaire, et M. Pillet trésorier. Les conseillers étaient : MM. Mathias, P. Renouard, Amédée Gratiot, Jacques Lecoffre, Biesta, Boichard, J. Renouard, Blanchet, A. Lacroix et Guillaumin. La librairie y comptait 8 représentants, l'imprimerie 2, la papeterie 4, et la fonderie 1. Le siège social fut installé au numéro 5 de la rue des Petits-Augustins, aujourd'hui rue Bonaparte.

L'association était donc créée. Mais, avant de songer à élargir ses bases, il fallait s'appliquer à les affermir. Les hommes qui lui avaient donné naissance possédaient les qualités nécessaires pour y réussir.

La révolution de Février 1848 faillit avoir des effets désastreux pour la Librairie et l'Imprimerie parisiennes. Ils furent conjurés par la création d'un *Sous-*

Comptoir de la Librairie, création salutaire et féconde d'où sortit bientôt le *Comptoir d'escompte*. Le Cercle subit bien quelque peu le contre-coup des événements politiques, mais sa situation n'en fut pas sérieusement ébranlée. Il comptait à peine une année d'existence, et déjà le nombre de ses membres s'élevait à 157. Son Conseil poursuivait sa tâche avec activité. On votait l'organisation, au siège même de la Société, d'une exposition permanente de livres, de gravures et de lithographies; la Commission pour la poursuite de la contrefaçon était reconstituée sur de nouvelles bases; neuf membres étaient désignés et agréés par le Tribunal de commerce pour remplir les fonctions d'arbitres.

Après avoir siégé pendant deux années, M. Firmin-Didot cédait le fauteuil de la présidence à M. Pagnerre (1849), qui jusque-là avait été son plus zélé collaborateur. A ce moment, la question de la propriété littéraire était l'objet d'études très actives de la part de la Commission spéciale et de son président, M. Jules Delalain. Le Gouvernement, de son côté, désireux de seconder de si méritants efforts, entamait sur la même question des pourparlers avec l'Angleterre, qui malheureusement n'aboutirent pas. Plus favorisé, le Cercle obtint, par l'entremise d'un de ses membres, la signature d'une nouvelle convention entre la Sardaigne et la France. La voie était ouverte, elle ne fut pas abandonnée. Trois ans plus tard, vingt États avaient reconnu la propriété littéraire des étrangers. Le Cercle était parvenu à un haut degré de considération. Sur maintes questions on avait recours aux lumières de ses membres. Il comptait trois représentants au Tribunal de commerce, cinq au Comptoir d'escompte, dix au Sous-comptoir, deux à la Commission centrale d'assistance publique et au Conseil municipal, un à la Chambre de commerce, au Conseil des prud'hommes et à l'Assemblée législative.

M. Pagnerre venait d'être élu président pour la sixième fois lorsque la mort l'emporta à l'âge de quarante-neuf ans. La direction du Cercle fut confiée pendant quelques mois à M. J.-B. Baillière, jusqu'à la nomination de M. Thunot comme président (1855).

La Société créée pour la fondation du Cercle arrivait à expiration ; il était urgent de songer à en former une nouvelle. Le 25 avril 1856, la nouvelle Société était déclarée constituée, et l'Assemblée générale procédait à la nomination du Conseil d'administration. Ses suffrages désignèrent pour président M. Langlois (1856) ; pour vice-présidents MM. Thunot et Roulhac ; pour secrétaire M. Victor Masson, et pour trésorier M. Louis Bréton. Le siège social fut transporté au numéro 1 de la rue Bonaparte.

C'est vers la fin de la même année que le Cercle devint propriétaire de la *Bibliographie de la France, Journal de l'Imprimerie et de la Librairie*, qui, créée par décret impérial de 1811, avait appartenu depuis à l'imprimeur Pillet. Cette acquisition d'un organe spécial aux industries qu'elle représentait était d'une importance considérable pour l'association. En lui imprimant une direction plus caractérisée, en lui donnant tout le développement qu'elle comportait, le Cercle devait puiser dans cette publication un élément précieux de notoriété et d'influence.

On se mit immédiatement à la poursuite de ces résultats, et tel fut l'un des premiers articles du programme de M. Jules Delalain, qui venait de succéder à M. Langlois (1858). En même temps qu'il servait les intérêts du Journal, le nouveau président fondait l'*Annuaire de la Librairie et de toutes les professions qui s'y rattachent*, et donnait ses soins personnels à sa rédaction. Puis il reconstituait la Commission de la propriété littéraire, dont la présidence était confiée à M. Louis Hachette.

La même année, un Congrès de la propriété littéraire et artistique s'organisait en Belgique. M. Faider, ministre de la Justice, invitait le Cercle à y prendre part, et M. Jules Delalain répondait à cette invitation avec vingt-deux de ses collègues.

La délégation du Cercle reçut du Congrès le meilleur accueil et prit une large part à ses travaux. Au retour, le Conseil d'administration vota des remerciements à M. Jules Delalain, et, quelques mois après, lui décerna une médaille d'or.

Les derniers jours de 1858 virent paraître le premier numéro de la *Bibliographie*, consacré spécialement aux *livres d'Étrennes*.

Les nouvelles élections appelèrent à la présidence M. Eugène Roulhac (1861). Parmi les titres qui lui donnent droit au souvenir et à la reconnaissance de ses collègues, il en est deux que nous ne saurions passer sous silence. Il amena la situation financière du Cercle à un haut degré de prospérité. Il fonda, en outre, et dirigea jusqu'à sa mort le *Comité judiciaire* du Cercle, œuvre importante, qui fut accueillie avec faveur par le Tribunal de commerce, et non moins appréciée des plaideurs.

A M. Roulhac succéda M. Louis Hachette (1864), qu'une fin prématurée enlevait au bout de trois mois. De grands projets, qu'il n'eut pas le temps de réaliser, telle est la seule trace qu'il a été donné à M. Louis Hachette de laisser de son rapide passage : établissement de cinq comités se réunissant chaque quinzaine pour l'examen d'une question spéciale ; création d'une bibliothèque technique répondant aux besoins de chacune des industries ; affranchissement du commerce de la librairie ; construction d'un immeuble pour le Cercle, avec galerie d'exposition, salles de conférences et de vente, etc., etc.

C'est à M. Louis Bréton (1865), son gendre et son successeur à la direction du Cercle, qu'étaient réservés l'honneur et le mérite d'exécuter, au moins en partie, ce large programme.

Le nouveau président donne ses premiers soins au *Journal de la Librairie*. Il en complète la partie commerciale par l'addition d'une division nouvelle, réservée aux *Ouvrages d'occasion*, et il l'enrichit d'un supplément intitulé *Bulletin industriel*. Il consacre ensuite son activité au recrutement du Cercle. De 160, le chiffre des membres s'élève bientôt à 209. Il est créé, en outre, une nouvelle catégorie, dite *des membres correspondants de province*. L'annonce de l'Exposition internationale de 1867, à Paris, fournit l'occasion de faire résoudre dans un sens favorable l'intéressante question de l'admission des libraires-éditeurs à ces grands concours, aux mêmes titres et avec les mêmes droits que les imprimeurs. Contentons-nous de signaler des tentatives faites en vue de la liberté de la librairie et de la construction d'un immeuble destiné au siège social. Telle est, résumée brièvement, l'histoire de cette période de travail et de progrès constant.

M. Charles Laboulaye (1868), en succédant à M. Bréton, trouvait une situation excellente; mais la guerre de 1870 et l'investissement de la capitale venaient modifier profondément les conditions d'existence de l'association.

A cette période se rattache un fait d'une importance capitale. Par décret en date du 18 septembre 1870, le Gouvernement de la Défense nationale avait proclamé la liberté de l'imprimerie et de la librairie.

M. Georges Masson arrive à la présidence en 1872. Son passage se distingue par une impulsion vigoureuse donnée à toutes les branches de l'organisation du Cercle et à tous ses éléments de vitalité.

Dans la *Chronique* du journal, les renseignements

bibliographiques, jusqu'alors prédominants, cèdent le pas aux documents administratifs et commerciaux; un extrait du procès-verbal de chaque séance du Conseil y occupe la première place. L'œuvre intéressante de la reconstitution de la bibliothèque municipale de Strasbourg trouve le Cercle disposé à lui donner son appui, et il recueille pour elle 1,800 volumes.

C'est alors que le Cercle commença à prendre part aux expositions. A Londres, en 1872, la Librairie française, groupée et patronnée par le Cercle, avait obtenu un succès marqué. A l'Exposition de Vienne, ouverte l'année suivante, sa collectivité obtint un diplôme d'honneur, M. Georges Masson fut nommé chevalier de la Légion d'honneur, et ses collègues lui décernèrent une médaille d'or.

En 1875, M. Basset arrive à la présidence, et, l'année suivante (1876), le Cercle obtient à l'Exposition de Philadelphie la grande médaille du Centenaire.

Sur ces entrefaites, M. Louis Bréton provoqua une nouvelle mise à l'étude du projet de construction d'un hôtel du Cercle. Une commission spéciale fut nommée, qui bientôt se constitua en Société civile. Cette société, qui élut M. Bréton pour président, acheta un terrain, confia la construction à M. Charles Garnier, et, le 12 juin 1878, posa la première pierre de l'édifice. Les travaux furent conduits avec rapidité, et l'hôtel fut inauguré le 4 décembre 1879.

M. Georges Hachette occupait le fauteuil de la présidence depuis déjà vingt mois, et cette période avait été féconde. Dans le courant de mai 1878, un Congrès littéraire international s'était réuni à Paris, sous la présidence d'honneur de Victor Hugo. Le Cercle, invité à y prendre part, y avait envoyé dix délégués, le président du Cercle était l'un des vice-présidents.

Le même mois s'ouvrait l'Exposition universelle internationale de Paris. Le Cercle y organise une exposition collective et se fait mettre hors concours. Mais ses membres obtiennent deux croix d'officier, douze croix de chevalier de la Légion d'honneur, quatre grandes médailles, quarante-huit médailles d'or et soixante-treize médailles d'argent.

L'année 1878 vit mettre enfin à exécution un projet conçu depuis l'origine, et que, jusqu'alors, il avait été impossible de réaliser : une Exposition de Librairie française dans l'hôtel même de la Société. Cette Exposition était divisée en deux sections : la première, exclusivement réservée aux sociétaires, comprenait les publications parues depuis le 1er janvier 1878; la seconde était composée de produits de l'imprimerie française antérieurs au dix-neuvième siècle. Elle se complétait d'un élégant catalogue, composé et tiré par huit de nos plus habiles imprimeurs. Cent quinze éditeurs de Paris et de la province y présentèrent leurs œuvres les plus remarquables. Sa durée fut de vingt jours, et le nombre des visiteurs dépassa 6,500.

Sans nous arrêter au concours international de Melbourne et au congrès géographique de Venise, nous mentionnerons immédiatement la seconde exposition organisée au Cercle par M. G. Hachette, en 1881, exposition dont la réussite fut encore supérieure à celle de l'année précédente. Il s'agissait, cette fois, de gravures anciennes et modernes. La gravure ancienne y fut représentée par 165 estampes; la gravure moderne y comptait plusieurs centaines de spécimens appartenant à tous les genres et procédés. Un magnifique catalogue illustré, véritable monument typographique, enrichi d'un *Historique de la gravure*, par M. G. Duplessis, et d'une *Notice sur l'héliogravure*, par M. Davanne, en formait le luxueux appendice.

Quelques mois auparavant, avait eu lieu au Cercle (18 mars 1881) une conférence de M. Germond de Lavigne *sur la propriété littéraire à l'étranger*, qui fut aussitôt suivie (25 mars) d'une proposition présentée au Conseil d'administration du Cercle, dans le but de constituer une union des diverses associations littéraires et artistiques. Cette proposition eut pour conséquence la création, par le Cercle, d'un *Bureau spécial* chargé de faire les *déclarations* des œuvres nouvelles aux Ambassades des États qui exigent cette formalité pour assurer la protection de la propriété; puis la constitution d'un *Syndicat pour la protection de la propriété littéraire et artistique*. Les statuts en furent votés, le 10 février 1882, dans une réunion présidée par M. G. Hachette.

Ce Syndicat est constitué par la réunion des huit sociétés suivantes, savoir :

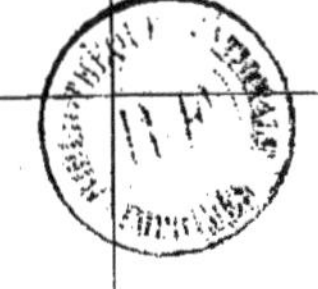

La *Société des gens de lettres*; la *Société des artistes peintres, sculpteurs, architectes, dessinateurs*, etc.; la *Société des artistes français*; la *Société des compositeurs de musique*; le *Syndicat du Commerce de la musique*; la *Société des inventeurs et artistes industriels*; la *Société française de photographie*; le *Cercle de la Librairie*.

Cette importante institution fonctionne avec le concours d'un certain nombre de jurisconsultes spéciaux.

Elle est présidée statutairement par le Président en exercice du Cercle de la Librairie.

Les Sociétés associées y délèguent chacune, et chaque année, des membres de leurs comités de direction, parmi lesquels sont élus les membres du Bureau.

La mission du Syndicat est :

1° De chercher à obtenir à l'étranger l'adoption de lois d'État protégeant la propriété des auteurs et des artistes ou de leurs ayants droit, et de réclamer la conclusion de conventions avec les pays qui n'ont pas encore de traités avec la France ;

2° De réclamer la revision des conventions existantes ;

3° D'assurer à nos nationaux, dans les pays étrangers, pour la propriété de leurs œuvres, la protection la plus étendue possible ;

4° Enfin de leur prêter son concours pour obtenir le respect et l'observation des conventions existantes.

Le Syndicat s'est également donné pour mission dès sa fondation, de travailler à obtenir du Gouvernement français la réunion d'une conférence internationale, en vue d'arriver à l'unification des diverses législations sur la propriété intellectuelle.

Il s'est acquis par ce programme l'attention du Département des Affaires étrangères, qui a bien voulu le consulter dans toutes les circonstances où il s'est agi d'étudier les questions qui intéressent les œuvres de l'esprit et de l'art.

En 1881, le mandat de M. Georges Hachette fut renouvelé pour une seconde période triennale, à la fin de laquelle ses collègues lui remirent une médaille d'or.

En 1884, M. Eugène Plon succéda à M. Georges Hachette.

Sollicité par le ministère de l'Instruction publique et sous ses auspices, le Cercle organise une collectivité à l'Exposition d'hygiène et d'éducation de Londres, et remporte trois diplômes d'honneur. Six mois plus tard (décembre), il exposait dans les mêmes conditions à la Nouvelle-Orléans, et trois diplômes d'honneur lui étaient de nouveau décernés. Il avait pris part, dans l'intervalle, à une solennité à laquelle on n'avait pas manqué de le convier : la célébration du deuxième centenaire de Pierre Corneille. Le 1er octobre, son président et ses délégués assistaient, dans l'église Saint-Roch, à une messe dite spécialement pour la circonstance, et déposaient au pied du buste du grand tragique une magnifique couronne. Quelques jours après, la ville de Rouen faisait le plus honorable accueil à la députation du Cercle, convié à ses fêtes, et recevait de lui, un peu plus tard, à titre de souvenir, un splendide volume dans lequel étaient reproduits les principaux discours et hommages poétiques prononcés dans la journée.

L'acquisition d'une importante collection d'ouvrages techniques et de marques typographiques, due à l'initiative de M. Eugène Plon, donna lieu, peu de temps après, à la nomination d'une commission spécialement chargée d'organiser une bibliothèque professionnelle et historique de nos diverses industries. M. Paul Delalain en fut nommé président, et consacra, dès ce jour, à l'établissement et à l'accroissement de cette œuvre, si intéressante pour l'association, toutes les ressources de son activité et de son savoir.

En 1885, M. Plon proposa d'organiser au Cercle une exposition de l'œuvre d'un artiste dont la riche imagination, la verve et l'étonnante fécondité avaient été employées surtout à l'illustration du livre.

Pendant tout un mois, le Paris artiste et amateur vint, à la suite du Président du Conseil des ministres et du Directeur des Beaux-Arts, admirer les innombrables compositions de Gustave Doré, exécutées ou préparées, soit pour nos grandes éditions, soit pour les recueils périodiques. Une collection d'admirables aquarelles complétait ce merveilleux ensemble. Cette fois encore, M. G. Duplessis avait apporté son précieux concours, non seulement pour la recherche des dessins et des documents, mais aussi pour la rédaction du Catalogue.

Une œuvre bien plus considérable, au point de vue des intérêts de nos professions, devait mieux encore marquer la présidence courte, mais si bien remplie de M. Eugène Plon.

Le Syndicat pour la protection de la propriété littéraire et artistique devait affirmer d'une façon définitive sa vitalité. Le programme de la première conférence de Berne avait été loin de donner satisfaction aux auteurs, aux artistes et aux éditeurs français. Le ministre des Affaires étrangères ayant officiellement demandé l'avis du Syndicat, le Président réussit à faire voter à l'unanimité par toutes les sociétés syndiquées un rapport qui, rédigé par M. Germond de Lavigne, secrétaire général, devint la base des instructions données par le gouvernement aux commissaires français. De plus, à la suite de négociations suivies par le Président du Syndicat avec les sociétés littéraires et artistiques d'Angleterre et d'Italie, la France eut la satisfaction de voir son programme accepté dans une large mesure par la seconde conférence, qui arrêta le texte définitif de la convention internationale signée à Berne et entrée en vigueur le 6 décembre 1886.

Au point de vue professionnel, la fin de la présidence de M. Eugène Plon devait voir se réaliser un succès économique : le vote, par la Chambre des députés, de la suppression de l'impôt sur le papier (16 juillet 1885). Le Cercle avait énergiquement appuyé la campagne habilement menée par les divers syndicats de la papeterie.

La loi du 21 mars 1884, qui organisait les syndicats professionnels et leur donnait la personnalité civile, attira l'attention du Cercle de la Librairie. Une commission fut instituée pour mettre en harmonie les statuts de l'association avec la loi nouvelle. M. Edmond Magimel, vice-président du Cercle, en fut le rapporteur. Mais le mandat de M. Eugène Plon touchait à son terme, et c'est au début de la présidence de M. Paul Delalain (1886) que les nouveaux statuts furent mis en vigueur.

Cette présidence est marquée par deux grandes publications : 1° l'*Inventaire des marques d'imprimeurs et de Libraires* appartenant au Cercle de la Librairie, œuvre personnelle de M. Delalain, comprenant le classement et la description sommaire de plus de deux mille marques anciennes ; 2° *Le Recueil des lois françaises et étrangères sur la propriété littéraire et artistique*, œuvre commune de M. Lyon-Caen, le savant professeur à l'École de droit, et de M. Delalain. En même temps, grâce à l'activité du Président, la bibliothèque technique s'enrichissait de nombreuses pièces curieuses, relatives à l'histoire de nos professions, et de documents importants pour la législation de la propriété littéraire et artistique.

Pendant cette période, le Cercle de la Librairie prit part à trois Expositions internationales. En 1888, à Melbourne et à Barcelone, où il représentait la collectivité de la Librairie française, il obtenait un diplôme de mérite de premier ordre et une médaille d'or. A l'Exposition universelle de Paris, en 1889, le Cercle exposa dans la Classe de l'*Economie sociale* (section III). Il y remporta la plus haute récompense donnée à un syndicat professionnel particulier : une médaille d'or. Cette haute récompense lui fut décernée pour l'ensemble de ses utiles publications.

En même temps, le Président donnait tous ses soins au *Syndicat pour la protection de la propriété littéraire et artistique,* qui envoyait un délégué pour agir auprès du Parlement des États-Unis d'Amérique, afin d'obtenir une disposition légale reconnaissant la propriété des écrivains et des artistes français, ainsi que l'entrée en franchise des œuvres littéraires et artistiques. Des démarches de même nature sont engagées en ce moment auprès du cabinet de Saint-Pétersbourg, pour le rétablissement d'une convention internationale.

En 1889 a été créé, sous le contrôle du Cercle de la Librairie, le *Bureau français de timbrage* pour les estampes et les publications de luxe. Cette institution, qui est appelée à rendre de sérieux services, a déjà timbré 1845 estampes et 1136 volumes.

Le 22 juillet 1889 eut lieu l'inauguration solennelle de la maison de retraite Galignani frères, à Neuilly. Due à la générosité de M. William Galignani, ancien libraire et imprimeur, cette maison reçoit cent personnes des deux sexes, âgées d'au moins 60 ans, sur lesquelles cinquante sont dispensées de tout payement. Dix des places gratuites sont réservées à d'anciens libraires ou imprimeurs, leurs veuves ou leurs filles, que le Cercle a mission de désigner. L'établissement possède une bibliothèque de deux mille volumes due à la libéralité des éditeurs et du Cercle.

Le mandat de M. Paul Delalain expirait au commencement de l'année 1889. Mais ses collègues ne pouvaient consentir à ce qu'il quittât la présidence au moment de l'organisation définitive de l'Exposition où il remplissait les fonctions de Président des Comités d'admission et d'installation de la classe IX (*Imprimerie-Librairie*). Il dut céder à leurs instances et fut réélu par l'Assemblée générale, mais il résigna définitivement ses fonctions au mois de février 1890.

Le premier acte du nouveau Conseil, présidé par M. Armand Templier, *de la maison Hachette et Cie*, fut de remettre une médaille d'or à M. Paul Delalain, qui, à la suite de l'Exposition de Melbourne, avait été fait chevalier de la Légion d'honneur.

Le Cercle compte actuellement 300 membres titulaires et 100 membres correspondants.

Paris, juillet 1890.

ANCIENS PRÉSIDENTS DU CERCLE

MM.

† J.-B. Baillière, ✻, président du comité d'organisation, 1847.

† Ambroise Firmin-Didot, O. ✻, membre de l'Institut, 1er président, 1847-1848.

† Pagnerre, 1849-1854.

† E. Thunot, ✻, 1855.

† Langlois, ✻, 1856-1857.

† J. Delalain, ✻, I. ✿, 1858-1860.

MM.

† E. Rouliiac, ✻, 1861-1863.

† L. Hachette, ✻, 1864.

† L. Bréton, ✻, 1865-1867.

† Ch. De Laboulaye, ✻, 1868-1871.

Georges Masson, ✻, O. ✿, 1872-1874.

† J. Basset, ✻, 1875-1877.

G. Hachette, ✻, 1878-1883.

Eugène Plon, ✻, 1884-1885.

Paul Delalain, ✻, I. ✿, 1886-1890.

MEMBRES HONORAIRES

MM.

Duplessis (Georges), ✻, I. ✿, conservateur du département des estampes à la Bibliothèque nationale, à Paris.

Faider (Charles), ✠, ancien ministre de la Justice en Belgique.

Garnier (Charles), C. ✻, I. ✿, membre de l'Institut, architecte, à Paris.

Gérmond de Lavigne, ✻, A. ✿, ✠, secrétaire-archiviste du Syndicat pour la protection de la propriété littéraire et artistique, à Paris.

Romberg (Édouard), ✠, directeur honoraire des beaux-arts, des lettres et des sciences au ministère de l'Intérieur, en Belgique.

4

SYNDICAT POUR LA PROTECTION

DE LA

PROPRIÉTÉ LITTÉRAIRE ET ARTISTIQUE

BUREAU

Président : M. A. Templier, ✻, Président en exercice du Cercle de la Librairie.

Vice-Présidents : M. Jules Thomas, O. ✻, I. ✿.
M. le Cte Ch. de Mouy, O. ✻, I. ✿, C. ✠.

Secrétaire général archiviste : M. Germond de Lavigne, ✻. A. ✿.

Trésorier : M. Bouasse-Lebel, A. ✿, ✠.

MEMBRES DÉLÉGUÉS

Société des Gens de Lettres. — MM. Louis Collas, homme de lettres; Charles Diguet, homme de lettres; Charles de Mouy, O. ✻, I. ✿, C. ✠, homme de lettres.

Association des artistes peintres, sculpteurs, graveurs, architectes, etc. — MM. Dubufe (Guillaume), ✻, artiste peintre; Rochet, A. ✿, statuaire; Thomas (Jules), membre de l'Institut, O. ✻, I. ✿, statuaire.

Société des artistes français.— MM. Robert-Fleury (Tony), O. ✻, artiste peintre; F. de Vuillefroy, ✻, artiste peintre.

Société des compositeurs de musique. — M. Pfeiffer (Georges), A. ✿, ✠, compositeur de musique.

Syndicat du commerce de la musique. — M. Durand (Auguste), NC, éditeur de musique.

Société des inventeurs et artistes industriels.— MM. Bouvret, inventeur; Couhin, avocat à la Cour d'appel; Plocque, avocat à la Cour d'appel.

Société française de photographie. — MM. DAVANNE, O. ✱; DE VILLECHOLLE, A. ✿; PERROT DE CHAUMEUX, avocat à la Cour d'appel.

Cercle de la Librairie. — BELIN (Henri), I. ✿, ✠, NC; BOUASSE-LEBEL (Henri), A. ✿, ✠; GERMOND DE LAVIGNE, ✱, A. ✿, ✠.

Membres adjoints à titre de jurisconsultes. — MM. LAVOLLÉE (René), ✱, I. ✿, ✠, ancien consul général; SAUVEL (Édouard), avocat à la Cour de cassation.

Anciens Présidents du Cercle de la Librairie et du Syndicat, ayant voix consultative. — MM. DELALAIN (Paul), ✱, I. ✿, ✠; HACHETTE (Georges), ✱ NC; PLON (Eugène), ✱, C. ✠, NC.

PRINCIPALES COMMISSIONS DU CERCLE

COMMISSION DE LA BIBLIOTHÈQUE TECHNIQUE

MM.

DELALAIN (Paul), ✱, I. ✿, ✠, *président.*

BARTHÉLEMY (A.), marchand de papiers en gros.

CHAMEROT (Georges), ✱, président en exercice de la Chambre des Imprimeurs-typographes.

CHARAVAY (Claudius), A. ✿, libraire-paléographe.

CHARAVAY (Eugène), directeur du journal *l'Imprimerie.*

CLAUDIN (Eugène), libraire-expert.

PICARD (Alphonse), libraire-expert.

BLANCHOT (Auguste), A. ✿, ancien secrétaire-gérant du Cercle de la Librairie, *secrétaire-archiviste.*

CHATROUSSE (Just), A. ✿, *secrétaire-adjoint.*

COMMISSION
DU TIMBRAGE DES ESTAMPES
ET DES ÉDITIONS DE LUXE

MM.

Chardon (Ch.), ✻, A. ✿, ex-imprimeur en taille-douce, *président*.

Champenois (F.), imprimeur-lithographe.

Gruel (Léon), A. ✿, relieur-libraire.

Hautecœur, A. ✿, éditeur d'estampes, *secrétaire*.

Valadon (René), imprimeur-éditeur d'estampes et de publications illustrées.

Chatrousse (Just), A. ✿, *secrétaire-adjoint*.

COMMISSION D'ARBITRAGES

MM.

Chamerot (Georges), ✻, NC, imprimeur, *président*.

Erhard (Georges), ✻, NC, graveur sur pierre.

Firmin-Didot (Maurice), imprimeur-libraire.

Gauthier-Villars fils (Albert), A. ✿, imprimeur-libraire.

Odent (Xavier), marchand de papiers en gros.

CATALOGUE

DE L'EXPOSITION

Ancienne marque de la librairie Firmin-Didot.

MARQUE D'ANTOINE ESTIENNE

Imprimeur à Paris, 1592-1674

Un olivier dont un homme s'approche et qu'il contemple, avec une devise latine qui signifie : « Ne place pas ta sagesse trop haut ». — Cette marque est, à part quelques légères différences, celles qu'employèrent Robert Estienne (1503-1559) et Charles Estienne (1504-1564), tous deux fils de Henri Estienne (1460-1521), fondateur de la famille.

Frise de l'un des salons du Cercle
représentant les monogrammes d'anciens imprimeurs et libraires.

EXPOSITION

DU

CERCLE DE LA LIBRAIRIE

LE CERCLE DE LA LIBRAIRIE, *de l'Imprimerie, de la Papeterie, du Commerce de la Musique et des Estampes,* syndicat de professions se rattachant à l'industrie du livre. Notice historique et descriptive, avec planches en taille-douce. In-8.

BIBLIOGRAPHIE DE LA FRANCE. Journal général de l'Imprimerie et de la Librairie. ANNÉE 1889 complète. 1re partie : *Relevé officiel du dépôt légal;* 2e partie : *Chroniques, ventes, etc.;* 3e partie : *Feuilleton des annonces.* — SIX PREMIERS MOIS DE 1890 (79e année).

CATALOGUE *de la première exposition du Cercle* : Livres (juin 1880). 1 vol. in-8.

CATALOGUE *de la Bibliothèque du Cercle de la Librairie* par ordre de matières avec un index alphabétique par noms d'auteurs. In-4.

CATALOGUE *de la deuxième exposition du Cercle :* Gravures anciennes et modernes (juillet 1881). In-4.

CATALOGUE DES DESSINS, *aquarelles et estampes de Gustave Doré*, exposés au Cercle (mars 1885).

CATALOGUE DES COLLECTIVITÉS *organisées par le Cercle de la Librairie aux expositions* de Londres, 1864; Vienne, 1873; Philadelphie, 1876; Nouvelle-Orléans, 1884-1885; Melbourne, 1888; Barcelone, 1888; Anvers, 1890.

INVENTAIRE DES MARQUES *d'imprimeurs et de libraires*, par M. PAUL DELALAIN, président de la Commission de la Bibliothèque technique, ancien président du Cercle de la librairie, comprenant 3 volumes ainsi divisés :

1er et 2e fascicules : *Ville de Paris*. — Énumération et description sommaires de 643 marques appartenant à 487 imprimeurs, libraires, compagnies ou sociétés de la ville de Paris, depuis le seizième siècle jusqu'en 1789; de 291 marques d'imprimeurs ou libraires de la ville de Lyon; de 63 marques d'imprimeurs ou libraires d'autres villes de France.

3e fascicule : *Pays étrangers*. — Énumération et description sommaire de 1079 marques d'imprimeurs ou libraires, ainsi réparties : Allemagne, 253; Alsace, 25; Autriche-Hongrie, 8; Belgique, 108; Danemark, 2; Espagne, 24; Grande-Bretagne, 20; Italie, 283; Pays-Bas, 154; Portugal, 2; Suisse, 200.

Cette description est précédée d'un *essai d'interprétation des signes spéciaux* qui accompagnent dans les marques les chiffres des imprimeurs et des libraires.

RECUEIL DES LOIS *françaises et étrangères sur la propriété littéraire et artistique, suivies des conventions conclues par la France pour la protection des œuvres de littérature et d'art*, recueillies par Ch. LYON-CAEN, professeur à la Faculté de droit de Paris et à l'École des sciences politiques, et P. DELALAIN, président du Cercle de la librairie et du Syndicat pour la protection de la propriété littéraire et artistique, sous la direction du *Comité de Législation étrangère*. 2 volumes in-8 de XLVII-

568 ; — XIV-426 pages, avec une table alphabétique et une table analytique (Paris, 1889).

Cet ouvrage est ainsi divisé : Tome Ier. Les Lois françaises et étrangères sur la propriété littéraire et artistique ; — Tome II. Les Conventions internationales conclues par la France pour la protection des œuvres de littérature et d'art.

Son utilité pratique ne saurait être contestée. Les auteurs, les artistes, les éditeurs cessionnaires des droits de ceux-ci, ont le plus grand intérêt à savoir s'ils sont protégés contre la contrefaçon, aussi bien dans leur pays que dans les pays étrangers, et quelle est l'étendue de la protection dont ils jouissent. Pour résoudre ces questions avec précision, il faut consulter les lois des divers États et les conventions internationales ; aussi cet ouvrage s'adresse-t-il également à la magistrature et au barreau. Il pourra aussi servir à l'amélioration des lois en vigueur et faciliter l'uniformité législative.

Des livres fort estimables ayant le même objet ont été publiés à différentes époques. Mais la plupart sont assez anciens. Depuis leur publication, l'activité législative a été considérable en ces matières dans presque tous les États, et des conventions nouvelles fort nombreuses ont été conclues. C'est ainsi que, par exemple, la Convention de Berne de 1886 a créé entre onze États, dont neuf de l'Europe, un de l'Afrique et un de l'Amérique, une union pour la protection internationale des œuvres de littérature et d'art.

Les anciens ouvrages ont cessé ainsi d'être au courant ; ils n'ont plus guère qu'une valeur historique. C'est pourquoi le Cercle de la Librairie a cru utile la publication de ce recueil.

Décoration de la paroi qui forme le fond de la salle des fêtes dans l'hôtel du Cercle.

FÉLIX ALCAN

LIBRAIRE-ÉDITEUR

Boulevard Saint-Germain, 108, à Paris

Maison fondée en 1828 par M. Germer Baillière; continuée en 1862 par M. G. Germer Baillière. En 1875, M. Félix Alcan est devenu l'associé de M. G. Germer Baillière sous la raison sociale *Germer Baillière et Cie*; depuis 1883, il est seul propriétaire de la Librairie.

La Librairie Félix Alcan se consacre principalement aux publications destinées à l'enseignement supérieur dans les branches suivantes : *Sciences médicales, physiques et naturelles, philosophie, histoire.*

Sur les mêmes sujets, elle publie des livres d'enseignement secondaire et de vulgarisation.

Les publications périodiques de la Maison Félix Alcan se rapportent aux mêmes ordres d'études. Nous citerons particulièrement les suivantes :

Revue philosophique de la France et de l'étranger, dirigée par Th. Ribot, prof. au Collège de France, fondée en 1876, mensuelle. — *Revue historique*, dirigée par G. Monod, maître de conférences à l'École normale supérieure, fondée en 1876, bimestrielle. — *Annales de l'École libre des sciences politiques*, dirigées par les professeurs de cette école, fondées en 1886, trimestrielles — *Revue de médecine*, dirigée par MM. les professeurs Bouchard, Charcot, Chauveau, Landouzy et Lépine, fondée en 1877, mensuelle. — *Revue de chirurgie*, dirigée par MM. les professeurs Ollier, Verneuil, Nicaise et F. Terrier, fondée en 1877, mensuelle. — *Journal de l'anatomie et de la physiologie de l'homme et des animaux*, fondé par le professeur Charles Robin, en 1864, dirigé par les professeurs G. Pouchet et Mathias Duval, bimestriel, avec planches lithographiées hors texte et figures dans le texte.

OUVRAGES EXPOSÉS

Nous appelons particulièment l'attention sur les ouvrages suivants exposés par la Maison Félix Alcan :

CORNIL ET BABES. *Les Bactéries.* 2 volumes in-8 raisin, avec 385 gravures en noir et en plusieurs couleurs tirées dans le texte, 12 planches hors texte en héliogravure, en chromolithographie, en phototypie et en typographie . . . . 40 fr.

DEBIERRE. *Cours élémentaire d'anatomie,* t. I. 1 volume in-8, avec 393 gravures en noir et en plusieurs couleurs tirées dans le texte . . . . 20 fr.

FÉRÉ. *Les Épilepsies et les épileptiques.* 1 volume in-8, avec gravures dans le texte et 12 planches en phototypie et en typographie, hors texte. . . . . 20 fr.

BIBLIOTHÈQUE SCIENTIFIQUE *internationale,* comprenant actuellement 69 volumes in-8, en partie illustrés de gravures dans le texte et hors texte. Prix de chaque volume cartonné à l'anglaise. . . . . . 6 fr.

BIBLIOTHÈQUE DE PHILOSOPHIE *contemporaine* (95 volumes in-18 et 90 volumes in-8 publiés).

BIBLIOTHÈQUE D'HISTOIRE *contemporaine* (72 volumes in-18 et in-8 publiés).

Recueil des instructions données aux ambassadeurs et ministres de France, depuis les traités de Westphalie jusqu'à la Révolution française (8 volumes in-8 raisin sur papier de Hollande, publiés à ce jour).

INVENTAIRE ANALYTIQUE DES ARCHIVES *du ministère des affaires étrangères* (6 vol. in-8 raisin, publiés).

BIBLIOTHÈQUE UTILE, volumes in-32 de 192 pages. Chaque volume broché, 60 cent. ; cart. à l'anglaise, 1 fr. 104 volumes publiés.

LIBRAIRIE CLASSIQUE EUGÈNE BELIN

BELIN FRÈRES

Éditeurs, rue de Vaugirard, 52, Paris

IMPRIMERIE | LIBRAIRIE

STÉRÉOTYPIE | CARTONNAGE

L'imprimerie Belin, brevetée, existait déjà à la fin du siècle dernier. Les documents ne permettent pas de déterminer la date précise de sa fondation.

La librairie classique Eugène Belin, brevetée, fondée en 1847, s'occupe exclusivement de livres correspondant aux programmes de l'enseignement à tous les degrés. Son imprimerie, située à Saint-Cloud, et ses ateliers de cartonnage lui permettent d'apporter à la partie matérielle de son œuvre tous les soins que mérite le public des jeunes élèves auquel elle est destinée.

Les efforts constants qu'elle a faits, pour livrer à des conditions extrêmes de bon marché des ouvrages d'une exécution irréprochable, lui ont valu entre autres récompenses importantes le diplôme d'honneur à l'Exposition universelle d'Anvers 1885, et en dernier lieu le grand prix à l'Exposition universelle à Paris, en 1889.

Les publications de la Maison Belin se composent d'ouvrages répondant à tous les programmes officiels :

- Enseignement primaire, élémentaire et supérieur.
- Enseignement secondaire classique.
- Enseignement secondaire spécial.
- Enseignement secondaire des jeunes filles.

Aucune des parties de ces différents programmes n'a

été négligée. Les maîtres de l'enfance les plus compétents ont donné une série d'ouvrages pour les cours français, depuis l'école maternelle jusqu'à l'école primaire supérieure et aux écoles normales; et la collection complète des auteurs français, latins et grecs, exigés par les programmes a été publiée avec la collaboration des membres les plus distingués de l'Université ; les textes annotés au point de vue grammatical, littéraire et historique, sont précédés ou suivis de notices ou d'études littéraires ou biographiques, et leur impression en gros caractères, nets et bien lisibles, en facilite l'intelligence et en permet l'étude, sans fatigue, de la part de nos jeunes élèves.

Nous donnons ci-contre la liste de quelques spécimens d'ouvrages édités, imprimés et cartonnés par la Maison Belin, pour chacune des branches de l'enseignement.

SPÉCIMEN DES OUVRAGES

ENSEIGNEMENT PRIMAIRE, ÉLÉMENTAIRE ET SUPÉRIEUR

LEGRAND. *Le premier livre de lecture, d'écriture et d'orthographe :*

Premier semestre. — 1 vol. in-16, cart. . 60 cent.

Deuxième semestre. — 1 vol. in-16, cart. . 60 cent.

G. BRUNO. *Premier livre de lecture et d'instruction pour l'enfant.* 1 vol. in-16, cart. Prix . . . . . . 60 cent.

— *Livre de lecture et d'instruction pour l'adolescent.* 1 vol. in-16, cart. Prix . . . . 60 cent.

— *Le Tour de France par deux enfants.* 1 volume in-12, cart. 1 fr. 30

— *Francinet.* 1 vol. in-12, cart. . . . . 1 fr. 50

O. PAVETTE. *Notions élémentaires et méthodiques d'agriculture*, d'horticulture et d'arboriculture. 1 vol. in-12, cart. . . . . 1 fr.

HENRY HAECK. *Méthode de musique vocale.* Cours moyen. 1 vol. in-8, cart. . . . . 2 fr.

TH. BÉNARD. *Dictionnaire classique universel.* Édition spéciale pour la Belgique. 1 v. in-18 raisin, cart. 2 fr. 80

Relié toile pleine, tranche peigne . . . . 3 fr. 50

ENSEIGNEMENT SECONDAIRE CLASSIQUE

DRIOUX ET CH. LEROY. *Atlas universel et classique de géographie* ancienne, romaine, du moyen âge, moderne et contemporaine. 1 vol. in-folio, demi-jésus, demi-rel. en basane . . . . 12 fr. 50

CH. LEBAIGUE. *Dictionnaire latin-français.* 1 fort vol. grand in-8, relié en toile pleine. Prix . . . 9 fr. 50

L. CROUSLÉ. *Grammaire de la langue française.* — COURS MOYEN. 1 vol. in-12, relié en toile pleine . . . . 1 fr.

TITE LIVE. *Narrations choisies.* Édition Fustel de Coulanges, revue par CH. LEBAIGUE. 1 v. in-12, cart. 1 fr. 60

BABRIUS. *Fables.* Texte grec, avec notes, par L. FEUILLET. 1 vol. in-12, cart. . . . . 1 fr.

PLUTARQUE. *Vie de Périclès.* Texte grec, avec notes, par L. FEUILLET. 1 vol. in-12, cart. . . . . 80 cent.

LANIER. *L'Afrique. Choix de lectures de géographie.* 1 vol. de 930 pages in-12, broché. . . . . . . 6 fr.

ENSEIGNEMENT SECONDAIRE SPÉCIAL

GOSSELET. *Cours élémentaire de géologie* 1 vol. in-12, cartonné. . . . . 2 fr. 50

PIGEONNEAU. *Géographie de l'Asie, de l'Afrique, de l'Amérique et de l'Océanie.* Première année. 1 vol. in-12, cart. Prix . . . . 1 fr. 80

BOURGET. *Table de logarithmes.* 1 v. in-8, br. 2 fr. 50

ENSEIGNEMENT SECONDAIRE DES JEUNES FILLES

MAINTENON (Mme DE). *Dans le monde et à Saint-Cyr.* Choix de ses lettres et entretiens, avec notes, par P. JACQUINET. 1 vol. in-12, relié en toile souple. . 3 fr. 50

LEBAIGUE. *Morceaux choisis de littérature française (prose et poésie).* COURS SUPÉRIEUR. 1 vol. in-12, relié en toile souple . . . . 4 fr.

BLANCHET. *Histoire nationale* et notions sommaires d'histoire générale, de 1715 jusqu'à nos jours. 1 vol. in-12, relié en toile souple . . . . 4 fr.

CARTES GÉOGRAPHIQUES

ENTIÈREMENT IMPRIMÉES EN TYPOGRAPHIE

Carte physique et politique de l'Europe centrale.

Carte de l'Europe pour les guerres de la République et de l'Empire (1789-1814)

Carte physique et économique de l'Europe centrale.

Carte physique et politique de l'Italie, Turquie, Roumanie, Serbie, Monténégro, Grèce.

PAPETERIES DE RIVES (ISÈRE)

BLANCHET FRÈRES & KLÉBER

Boulevard des Capucines, 35, Paris

Pour adresse télégraphique : BEEFKA PARIS

Les manufactures de papiers existant à Rives depuis plusieurs siècles ont été achetées par les frères Blanchet en 1788. Ceux-ci se sont adjoints comme associé M. Kléber en 1820, et depuis lors la raison sociale est toujours restée ce qu'elle est aujourd'hui. C'est en 1828 qu'a été construite à Rives la première machine à papier continu, la troisième de France.

Actuellement la maison Blanchet frères et Kléber exploite cinq machines et trois cuves. Elle emploie environ 700 ouvriers et ouvrières. Elle s'occupe exclusivement de la fabrication des papiers les plus beaux et les meilleurs et a réussi de cette manière à acquérir à la marque B F K Rives une réputation universelle.

RÉCOMPENSES

obtenues aux différentes Expositions.

Médaille d'Argent, 1834. — Or, 1839, 1844, 1849.
1re Médaille, Londres, 1851. — 1re Médaille, New-York, 1853.
Médaille 1re classe, Paris, 1855, et ✱ Londres, 1862.
Hors concours et ✱, Paris, 1867.
Hors concours et ✱ Lyon, 1872. Grand Diplôme d'honneur et ✚ François-Joseph, Vienne, 1873.
1re Médaille, Philadelphie, 1876.
Grand Prix, Paris, 1878.
Diplômes d'honneur, Melbourne, Sydney, Amsterdam, 1883; Anvers, 1885.
Médaille d'or, Barcelone, 1888.
Hors concours et ✱ Paris, 1889.

PAPIERS EXPOSÉS

PAPIERS PARTICULIERS A L'IMPRESSION DES LIVRES

Papiers à la forme vélins et vergés pour éditions de luxe.
Papiers mécaniques vélins extra.
Papiers de Chine pour gravures.
Papiers pour couvertures de livres de luxe.
Papiers extra solides pour cartes géographiques.

AUTRES PAPIERS

En dehors des papiers exposés qui sont plus spécialement destinés au « Livre » elle fabrique tout particulièrement les papiers photographiques pour tous les procédés (albuminage, gélatino-bromure, gélatino-chlorure, platinotypie, ferro-prussiate, trait bleu et trait noir sur fond blanc, etc.); les papiers de valeur filigranes, ombre et clair, suivant un procédé breveté, les papiers parcheminés à la cuve, les beaux papiers à lettre, les papiers à dessin, etc.

IMAGERIE RELIGIEUSE

MAISON BOUASSE-LEBEL

Fondée en 1845

BOUASSE-LEBEL ET FILS ET MASSIN

Rue S.-Sulpice, 29, et rue Garancière, à Paris.

Fondée en 1845, par Mme Vve Bouasse née Lebel, avec la coopération de son fils aîné, M. Henri Bouasse-Lebel, qui en devint seul propriétaire en 1852, la Maison Bouasse-Lebel a donné un développement considérable à l'imagerie religieuse et y a apporté un goût, une variété et une perfection inconnus jusqu'alors dans cette industrie.

En 1865, M. Bouasse-Lebel se rendit acquéreur de l'importante Maison Basset qui datait de 1700, et dont le directeur était alors président du Cercle de la Librairie.

Depuis lors, la Maison Bouasse-Lebel n'a pas cessé de s'étendre.

Ne négligeant pas les nouveaux procédés, elle s'en est servie pour activer la production ininterrompue de publications nouvelles et originales, et son fonds comprend aujourd'hui une si grande quantité de modèles qu'il lui est impossible de publier un catalogue détaillé complet.

Elle se distingue par ses chromolithographies et surtout par ses vignettes de petit format, gravées sur acier et sur cuivre, soit exclusivement au burin, soit par l'emploi simultané du burin, de l'eau-forte et de la photogravure.

M. Bouasse-Lebel a rempli à l'Exposition universelle de 1889 *les fonctions de Secrétaire et Trésorier des Comités d'admission et d'installation et de Secrétaire du Jury de la classe XI.*

OUVRAGES EXPOSÉS

UN ALBUM

CONTENANT

DIFFÉRENTS TYPES

DES

PRINCIPALES COLLECTIONS

D'IMAGES FORMAT DE LIVRES

PUBLIÉES PAR

LA MAISON BOUASSE-LEBEL

MAISON FONDÉE EN 1827

GOUPIL ET Cie

BOUSSOD, VALADON & Cie

SUCCESSEURS

Éditeurs-Imprimeurs, rue Chaptal, 9, à Paris

Médaille d'or en 1867
Médaille de progrès à l'Exposition de Vienne en 1873
Grand diplôme d'honneur
Médaille d'or et Médaille d'argent à l'Exposition universelle de 1878
Grand Diplôme d'honneur
et Médaille d'or à l'Exposition universelle de 1889

La MAISON GOUPIL a pour chefs actuels MM. Léon Boussod, officier de la Légion d'honneur; René Valadon, Étienne Boussod, Jean Boussod.

Nous signalons à MM. les Libraires et Éditeurs le procédé si remarquable de *photogravure* découvert dans les ateliers de la *Maison Goupil*, procédé qu'elle a consenti à mettre à la disposition des autres éditeurs, dans des conditions de bon marché qui en rendent l'emploi très pratique.

Par la photogravure on obtient, à l'aide d'un cliché photographique, la reproduction gravée sur cuivre d'un objet quelconque.

Outre son procédé de photogravure, la *Maison Goupil* exploite aussi un procédé typographique : *la Typogravure.*

La typogravure est un procédé qui permet d'obtenir, à l'aide d'un cliché photographique, une reproduction en relief, gravée sur cuivre, d'un objet quelconque. Les blocs ainsi obtenus s'impriment sur toutes les machines typographiques.

C'est à ce remarquable procédé de typogravure que la *Maison Goupil* doit le succès sans précédent de ses publications illustrées : le *Figaro-Salon*, le *Figaro illustré* et le *Figaro-Exposition.*

EXTRAIT DU CATALOGUE

L'Armée française. Types et Uniformes par ÉDOUARD DETAILLE, texte par Jules Richard, 60 gravures hors texte en couleur et plus de 280 planches en noir. Tous les dessins et aquarelles sont reproduits en fac-similé par la photogravure. 2 magnifiques volumes in-folio sur papier vélin, en portefeuilles avec rubans. . . . . . 800 fr.
Reliure d'amateur demi-maroquin rouge du Levant, avec coins, tête dorée, tranches ébarbées. . . . 100 fr.

L'Armée française. Édition populaire, texte par Jules Richard, illustrée de 260 dessins en noir et de 60 gravures en couleurs hors texte, par ÉDOUARD DETAILLE. Prix de l'ouvrage complet en 16 livraisons. . . . . . 150 fr.

Contes de Perrault. Cendrillon et les fées. 33 aquarelles par Ed. de Beaumont. 1 vol. de luxe in-4 en portef. 200 fr.

Contes de Perrault. Barbe-Bleue et la Belle au bois dormant. 41 aquarelles par Ed. de Beaumont. 1 volume de grand luxe in-4 jésus en portefeuille. . . . . 250 fr.

Notes et Souvenirs, par LUDOVIC HALÉVY. Splendide vol. in-4 raisin, orné de 22 grav. en taille-douce, tiré à 150 ex. papier japon. . . . . 150 fr.

Pierre et Jean, par GUY DE MAUPASSANT, illustré par Ed. Duez et Albert Lynch. 1 volume in-4 orné de 36 planches en photogravure, broché . . . . 60 fr.

Quatre Contes de Perrault, illustrés par Ed. de Beaumont. (La Barbe-Bleue, la Belle au bois dormant, Cendrillon, les Fées.) In-4 raisin, orné de 68 photogravures en taille-douce en tons bistre et camaïeu, relié. . . . . 60 fr.

La Reine Marie-Antoinette, par PIERRE DE NOLHAC. 1 magnifique vol. in-4 raisin papier vélin, illustré de 37 pl. en photogravure, dont une en couleurs, br. . . 60 fr.
Reliure aux armes de la Reine, fleurs de lis aux coins et sur le dos, chagrin rouge poli, tr. dor. . . . 40 fr.

CALMANN LÉVY

ÉDITEUR

La maison a été fondée, en 1836, par M. Michel Lévy. A partir de 1844, elle a été exploitée en association avec M. Calmann Lévy, qui en est resté seul propriétaire depuis la mort de son frère, survenue en mai 1875.

Le principal établissement est situé rue Auber, nº 3; deux maisons de détail, qui portent le nom de *Librairies nouvelles*, sont établies boulevard des Italiens, nº 15, et rue La Boëtie, nº 3.

Il est édité ou réimprimé chaque année, en moyenne, par la librairie Calmann Lévy, plus de *deux millions* de volumes ou pièces de théâtre, signés des noms les plus illustres de la littérature contemporaine, parmi lesquels nous citerons :

Edmond About, Émile Augier, H. de Balzac, Théodore de Banville, A. Bardoux, Charles Baudelaire, Hector Berlioz, Charles de Bernard, Berthelot, le feu duc de Broglie, F. Brunetière, Carmen Sylva (reine de Roumanie), Cham, Henri Conscience, Benjamin Constant, Victor Cousin, Cuvillier-Fleury, Alphonse Daudet, Paul Déroulède, le père Didon, Alexandre Dumas, Duvergier de Hauranne, Paul Féval, Ernest Feydeau, Gustave Flaubert, Anatole France, Charles de Freycinet, le comte et la comtesse A. de Gasparin, Théophile Gautier, Edmond Gondinet, F. Guizot, Gyp, Henri Heine, Arsène Houssaye, Victor Hugo, Paul Janet, Jules Janin, Alphonse Karr, Eugène Labiche, Lamartine, Pierre Loti, lord Macaulay, Eugène Manuel, Max O'Rell, Prosper Mérimée, Méry, Paul Meurice, Jules Michelet, Henry Murger, prince Napoléon, Désiré Nisard, duc de Noailles, duc d'Orléans, prince Henri d'Orléans, comte de Paris, Lucien Percy, F. Ponsard, Armand de Pontmartin, Prevost-Paradol, Henri Rabusson, Madame de Rémusat, Henri Rivière, G. Rothan, Sainte-Beuve, Saint-

Marc Girardin, Paul de Saint-Victor, George Sand, Jules Sandeau, Francisque Sarcey, Edmond Scherer, Aurélien Scholl, Eugène Scribe, Frédéric Soulié, Émile Souvestre, vicomte de Spoelberch de Lovenjoul, Stendhal, Eugène Sue, général Tcheng-Ki-Tong, Augustin Thierry, A. Thiers, Léon de Tinseau, Louis Ulbach, Auguste Vacquerie, Alfred de Vigny, Albert Wolff, etc.

Parmi les membres vivants de l'Académie française, la librairie Calmann Lévy compte sur son catalogue les noms de MM. le duc d'Aumale, le duc de Broglie, Victor Cherbuliez, Jules Claretie, Camille Doucet, Maxime du Camp, Alexandre Dumas fils, Octave Feuillet, Ludovic Halévy, le comte O. d'Haussonville, Ernest Legouvé, John Lemoinne, Ferdinand de Lesseps, Xavier Marmier, Charles de Mazade, Henri Meilhac, Édouard Pailleron, Pasteur, Ernest Renan, Rousse, Victorien Sardou, Léon Say, Jules Simon, Eugène Melchior de Vogüé.

C'est la librairie Calmann Lévy qui est propriétaire, en France, des œuvres du grand romancier belge Henri Conscience.

OUVRAGES EXPOSÉS

ALEXANDRE DUMAS. *Les Trois Mousquetaires.*

HENRI CONSCIENCE. *Le Conscrit.*

Volumes appartenant à la NOUVELLE COLLECTION MICHEL LÉVY à 1 franc, et comprenant aujourd'hui plus de 2000 ouvrages.

OCTAVE FEUILLET. *Honneur d'artiste.*

Volume appartenant à la BIBLIOTHÈQUE CONTEMPORAINE, format grand in-18, à 3 fr. 50 le volume, et comprenant aujourd'hui 1800 ouvrages.

Mgr LE DUC D'AUMALE. *Histoire des Princes de Condé pendant les seizième et dix-septième siècles.*

Cinq volumes format in-8 carré, ornés de quatre portraits en héliogravure.

VICOMTE DE SPOELBERCH DE LOVENJOUL. *Histoire des Œuvres de H. de Balzac.*

Volume appartenant à la collection des Œuvres complètes de Balzac, 27 volumes format grand in-8° cavalier.

ÉDOUARD PAILLERON. *Le Monde où l'on s'ennuie*, comédie en trois actes, format grand in-8° carré.

VICTORIEN SARDOU. *Daniel Rochat*, comédie en cinq actes, format in-18.

PROSPER MÉRIMÉE. *Carmen.*

Volume appartenant à la Bibliothèque de luxe, format petit in-8° sur papier vergé à la cuve, à 5 francs le volume.

LUDOVIC HALÉVY. *L'Abbé Constantin.* Un superbe vol. grand in-8°, illustré d'aquarelles par Mme Madeleine Lemaire. — Prix. . . . . 15 fr.

PIERRE LOTI. *Madame Chrysanthème.* Un superbe volume grand in-8°, Collection Guillaume, illustré d'aquarelles par Rossi et Myrbach. — Prix. . . . . 15 fr.

ŒUVRES COMPLÈTES DE HENRI CONSCIENCE.

540 livraisons illustrées par Atalaya, Gérardin, Paul Destez, etc., et réunies en 11 beaux volumes in-4° à 5 fr. le volume.

L'UNIVERS ILLUSTRÉ

JOURNAL HEBDOMADAIRE

(33e ANNÉE)

ACTUALITÉS, VOYAGES, BEAUX-ARTS ET LITTÉRATURE

ABONNEMENT : UN AN, 23 FR.

SPLENDIDES PRIMES GRATUITES

IMPRIMERIE ET LIBRAIRIE

GEORGES CHAMEROT

Rue des Saints-Pères, 19, Paris.

L'Imprimerie de M. G. Chamerot n'est autre que l'une des deux imprimeries que possédaient MM. Firmin-Didot.

Cette imprimerie a été achetée, le 1er mai 1872, par M. Georges Chamerot.

Fier de succéder à un nom aussi illustre que celui des Didot, M. Georges Chamerot, qui avait fait au préalable un apprentissage complet dans les ateliers de la deuxième imprimerie de MM. Didot, au Mesnil, travailla sans relâche à maintenir haut le drapeau de la maison.

Ses efforts furent couronnés de succès à toutes les expositions. Voici les récompenses qu'il obtint :

Exposition universelle de Paris 1878. — *Médaille d'or*.

Exposition des Arts graphiques à Vienne 1873. — *Anerkennung-Diplom*.

Exposition univ. de Barcelone 1888. — *Médaille d'or*.

Exposition internationale de Melbourne 1888. — *Diplôme de Premier Mérite*.

Exposition universelle de Paris 1889. — *Hors concours*, Secrétaire du Jury de la classe IX.

La Maison occupe 110 compositeurs ou compositrices répartis dans quatre galeries de composition commandées par deux chefs d'atelier.

Le Matériel des Machines se compose de : une machine à vapeur, deux générateurs, une calandre à 6 cylindres, un laminoir, une machine à rogner, douze presses mécaniques, une minerve et cinq presses à bras, employant un personnel de 70 ouvriers.

La Maison imprime un grand nombre de publications périodiques : *Nouvelle Revue*. — *Revue de Famille*. —

Japon Artistique. — *Bulletin de la Société d'Encouragement.* — *Bulletin de la Société d'Agriculture*, etc., etc.

Toutes les publications de la Librairie Paul Ollendorff sont également imprimées chez G. Chamerot.

L'organisation de l'Imprimerie, son matériel considérable de caractères, lui permettent d'entreprendre tous les genres de travaux et de les exécuter dans un délai rapide.

OUVRAGES EXPOSÉS

Jacques le Fataliste, par Diderot. — Un vol. in-8 jésus, sur japon, pour la Société des Amis des Livres.

Sous Bois, avec gravure sur bois dans le texte. — *Ruy Blas.* — Volumes imprimés sur vélin teinté à la forme, chine et japon, pour M. Conquet.

Histoire de Manon Lescaut, avec cadres en gravure sur bois à toutes les pages. — Un vol. in-8 colombier, imprimé sur vélin blanc, chine et japon, pour M. Launette.

Volumes I et II du *Dictionnaire des Mots et des Choses*, par MM. Larive et Fleury; ce Dictionnaire, dont la publication a été commencée en 1884, sera orné de plus de 4 000 gravures dans le texte, de 150 cartes géographiques en deux teintes et de 12 cartes hors texte en plusieurs couleurs. Les 2 premiers volumes sont en vente. L'ouvrage formera 3 volumes. Édité par la Librairie G. Chamerot.

IMPRESSIONS EN LANGUES ÉTRANGÈRES

Anglais, espagnol, grec, russe, serbe, etc.

Nous nous permettons d'appeler l'attention sur le *Code Civil Monténégrin*, imprimé en langue serbe. C'est le seul livre imprimé en France en caractères serbes, et il est déclaré sans faute par l'auteur, M. Bogisic.

IMPRIMERIE F. CHAMPENOIS

Ancienne Maison TESTU et MASSIN

Boul. Saint-Michel, 66, et rue Auguste-Comte, 1 et 3

A PARIS

L'industrie du livre a, dès les débuts de la chromolithographie, fait appel à ses procédés pour la vulgarisation des illustrations sous forme de couvertures, gravures dans le texte ou suppléments en couleur.

L'imprimerie Champenois a été l'une des premières à fournir aux éditeurs de France et de l'étranger un puissant contingent d'illustrations de toute nature, sous forme de gravures de luxe ou de primes à grand tirage. A Paris, les éditeurs Hachette, Firmin-Didot, Plon, Baschet, Rouff, etc.; à Londres et à Stuttgart, les grands journaux illustrés ; à Philadelphie, l'éditeur Barrie, etc., etc., ont eu, à plusieurs reprises, recours à l'habileté de ses dessinateurs et à l'expérience de ses praticiens. Grâce à son puissant outillage, à ses 24 presses à vapeur, au talent des meilleurs artistes et lithographes, la maison Champenois a pu, depuis vingt-cinq ans, aborder tous les genres d'illustration en couleurs, depuis les simples figurines des paroissiens jusqu'aux tirages les plus importants des primes des Magazines, mettant au service de l'industrie du livre toutes les ressources de la chromolithographie d'art.

OUVRAGES EXPOSÉS

Les Étrennes. Planche hors texte, d'après Pinchart, éditée comme prime pour le journal *l'Illustration.*

Allégorie. Les Arts de la Peinture. Couverture de numéro spécial illustré, publication de Portefeuille.

En 1889. Planche hors texte, d'après VAN DEN BOS, éditée pour prime du journal *The Queen*, de Londres.

Reproductions de vitrières, éditées pour la *Vie de saint François d'Assise*, librairie PLON, NOURRIT ET Cie.

Une série de primes hors texte, éditées pour la *Revue illustrée*, publication BASCHET : « L'Hiver », d'après Jean VAN BEERS. — « Le Tigre », d'après DELACROIX. — « Le Déguisement », d'après Madeleine LEMAIRE. — « Rêverie », d'après CHAPLIN. — « Le Clown », d'après J. VAN BEERS.

Titre d'intérieur du Catalogue du Cercle de la librairie. Exposition de la gravure.

Intérieurs de galeries, séries de vues éditées pour la maison : Barrie de Philadelphie (Monographie de l'hôtel et des collections VAN DER BILT). — Escalier d'intérieur. — Salons. — Bibliothèque.

Planches de botanique, séries éditées pour le *Dictionnaire de botanique*, de la librairie HACHETTE.

Le Traîneau, planche hors texte éditée pour prime du journal *The Queen*, de Londres.

Librairie religieuse, séries d'images éditées pour les publications religieuses et paroissiens des maisons MAME, MONNOYER, etc.

EUGÈNE CHARAVAY

Directeur du Journal *L'imprimerie* et de la *Revue des Autographes*.

MAISON GABRIEL CHARAVAY, FONDÉE EN 1838

Quai du Louvre, 8, Paris.

Le journal *L'imprimerie*, fondé en 1864 par Gabriel Charavay, est le plus ancien organe sur l'imprimerie existant en France. Il traite de la typographie, de la lithographie et des arts et professions qui s'y rattachent.

Revue des Autographes, des curiosités de l'histoire et de la biographie, fondée en 1866 par Gabriel Charavay, paraissant chaque mois, sous la direction de Eugène Charavay fils. Prix de l'abonnement pour un an (12 numéros) : France, 3 fr.; Union postale, 4 fr.

Collection considérable d'autographes des célébrités de tous genres : souverains, hommes d'État, littérateurs, savants, peintres, dessinateurs, graveurs, musiciens, acteurs et autres artistes; nombreux cartons de pièces relatives aux provinces de France et aux familles nobles.

Grand choix d'autographes divers pour l'illustration des livres.

L'authenticité des autographes est garantie, sans *condition de temps*, c'est-à-dire *d'une manière absolue*.

Achat de collections d'autographes *au comptant;* rédaction de catalogues, ventes à l'amiable ou aux enchères pour le compte des possesseurs.

OUVRAGES EXPOSÉS

L'imprimerie, journal de la typographie, de la lithographie et des arts et professions qui s'y rattachent, paraissant deux fois par mois, fondé en 1864 par GABRIEL CHARAVAY, dirigé par EUGÈNE CHARAVAY FILS. In-4, 16 pages. Prix de l'abonnement d'un an : France, Algérie et Alsace-Lorraine, 10 fr.; Union postale . . . . 12 fr.

Mention honorable à l'Exposition de 1889.

Modèles graphiques d'alphabets industriels modernes, par J. Laugier, graveur Album de 50 planches in-folio, 1890. (Port en sus). . . . . 30 fr.

L'ouvrage que nous présentons est un ensemble de variantes d'effets décoratifs usités dans les arts industriels, et d'une valeur essentiellement pratique dans les moyens d'exécution. Nos alphabets sont plus que complets. Dans ces 50 planches de linéaments graphiques, on retrouvera, après un simple examen, la même raison d'harmonie pour tous, basée sur les lois scientifiques et de la pondération des aspects d'équilibre, présentés par les blancs et les noirs, pour en faciliter à l'œil la lecture en lui évitant toute fatigue. Les alternances se trouvant raisonnées, par un mélange de droites et de courbes, donnent des relations absolument compatibles entre elles, et permettent toutes combinaisons d'autant moins disparates à l'heure actuelle que le vide existant dans cet art de première utilité se trouve aujourd'hui comblé. Cet ouvrage établit le véritable principe de l'alphabet pour les vingt-cinq lettres ; désormais, elles découleront des formes latines et moyen âge, qui, d'ailleurs, s'associent à merveille quand elles sont modernisées.

Règle définitive du participe passé, par G. Charavay. 1 vol. in-18 *(franco)*. . . . . 1 fr. 75

Les Machines rotatives, leurs organes, leur fonctionnement. 1 vol. in-18, nombreuses figures . . . . . . 3 fr. 30

Les Procédés. Traité pratique de phototypie, impression aux encres grasses, etc. 1 vol. in-18. . . . . 2 fr. 25

La Gravure sur pierre. Traité pratique à l'usage des écrivains et des imprimeurs-lithographes. 1 volume in-18 *(franco)* . . . . 1 fr. 15

IMPRIMERIE EN TAILLE-DOUCE

CH. CHARDON AINÉ

CH. WITTMANN Succr.

Rue de l'Abbaye, 10, à Paris.

L'imprimerie en taille-douce CH. CHARDON compte aujourd'hui *soixante-douze années* d'existence.

Fondée en 1818 par M. CHARDON AÎNÉ PÈRE, rue Pierre-Sarrazin, elle fut transportée en 1835 rue Hautefeuille, dans un local plus vaste.

Dans ce nouvel emplacement, il fut possible d'entreprendre des travaux de toute nature, dans lesquels les productions artistiques eurent toujours la plus grande part.

Des mains de M. CHARDON PÈRE, la maison passa, en 1852, à celles de son fils aîné, M. FRANCIS CHARDON, qui, en mourant, en 1862, laissa à son frère CH. CHARDON le soin de continuer l'œuvre commencée et notablement accrue.

A cette époque, l'impression en taille-douce prenait un essor considérable. L'illustration devint le complément indispensable de toutes les belles publications. Les ouvrages scientifiques eux-mêmes s'enrichirent de figures.

Le développement de la maison se ressentit de cette recrudescence de publications illustrées.

En 1876, quittant la maison de la rue Hautefeuille, devenue trop étroite, M. CH. CHARDON fit construire, rue de l'Abbaye, nº 10, les ateliers actuels, dont l'installation correspond à l'importance de son établissement.

Depuis le 1er janvier 1890, cet établissement est passé dans les mains de **M. Ch. Wittmann**, qui, avec la collaboration de son prédécesseur, s'efforce de continuer les traditions de bien-faire léguées par ses devanciers, tout en se tenant au courant des goûts actuels et des procédés de fabrication nouveaux. C'est ainsi qu'il a donné une grande extension à l'impression de l'eau-forte, de la photogravure, et à l'impression en couleurs de tous les genres.

RÉCOMPENSES
obtenues aux diverses expositions

Exposition universelle de Londres, 1862, Médaille d'argent.

Exposition universelle de Paris, 1867, Médaille d'argent.

Exposition universelle de Vienne, 1873, Diplôme de progrès.

Exposition universelle de Paris, 1878, Médaille d'or.

Amsterdam, 1883, Médaille d'or.

Anvers, 1885, Diplôme d'honneur.

Melbourne, 1888, Diplôme de premier ordre de mérite.

Paris, 1889, Médaille d'or, Chevalier de la Légion d'honneur.

OBJETS EXPOSÉS

Spécimens d'impression en couleurs. — Photogravure et eau-forte. — Impression à la poupée et au repérage, sur texte et hors texte. — Gravures extraites du *Salon*, publication annuelle (L. Baschet, éditeur).

Spécimens d'impression en noir. — Burin; eau-forte; aquatinte; sur texte et hors texte.

Suite de gravures extraites d'une illustration de *Mademoiselle de Maupin* (L. Conquet, éditeur).

Suite de gravures extraites d'une illustration des *Confessions de J.-J. Rousseau* (Librairie artistique, H. Launette et Cie; G. Boudet, successeur).

Suite de gravures extraites d'une illustration de *Mireille* (Hachette et Cie, éditeurs).

FABRIQUES DE PAPIERS

ÉDOUARD CHOQUET

REPRÉSENTANT DÉPOSITAIRE

DES FABRIQUES DE PAPIERS DE LA MAISON TONNELLIER

Rue de Seine, 13, à Paris.

M. Tonnellier, fils d'un fabricant de papiers, a fondé la maison qui porte son nom en 1843.

L'exploitation, actuellement dirigée par M. Gaudineau, son gendre, comprend quatre usines :

Varennes, près Aubigné (Sarthe);

La Courbe, près Le Lude (Sarthe);

Les Navrans, près La Flèche (Sarthe);

Cherré, près Le Lude (Sarthe).

Les moteurs se composent de six turbines, cinq roues hydrauliques et cinq machines à vapeur; les machines à papier continu sont au nombre de quatre; les établissements comportent dix paires de meules, quarante-cinq cylindres, trois mélangeuses, cinq calandres, etc.

Cinq cents ouvriers et ouvrières sont employés dans ces importantes manufactures.

Chaque établissement possède sa maison d'école, sa salle d'asile, son cours d'adultes, sa bibliothèque; un service médical y fonctionne régulièrement, et les médicaments y sont délivrés gratuitement. Une boulangerie centrale, installée il y a quelques années, a permis de résoudre l'intéressant problème de la vie économique. Une caisse particulière reçoit les épargnes, en sert les intérêts, en double le capital lorsqu'il atteint un certain chiffre, et développe incessamment chez l'ouvrier les idées d'ordre et de travail.

Une part considérable, prélevée chaque année sur les bénéfices, est distribuée à titre de gratifications aux employés les plus méritants.

La maison Tonnellier, hors concours, Exposition universelle de Paris 1889, a reçu les récompenses suivantes dans les différentes expositions où elle s'est présentée :

Une médaille d'argent au Mans, 1857 ;
— d'or à Rouen, 1859 ;
— d'argent à Nantes, 1861 ;
— d'argent à Angers, 1864 ;
— d'or à Saint-Lô, 1866 ;
— d'argent à Paris, 1867 ;
— d'argent à Blois, 1873 ;
— d'argent à Paris, 1878.

Son siège principal est à La Flèche (Sarthe), et son dépôt à Paris, rue de Seine, n° 13.

PRODUCTION ANNUELLE

2,000,000 de kilos en papiers à imprimer, — papiers pour gravure et taille-douce, — papiers pour la chromolithographie, — papiers à registres, — papiers à écrire, — papiers vergés, réglés, filigranés. — papiers pour encartage, — papiers parcheminés, — papiers teintés.

LIBRAIRIE SPÉCIALE DES ARTS INDUSTRIELS ET DÉCORATIFS

CHARLES CLAESEN

IMPRIMEUR-ÉDITEUR

Dépôt : rue des Saints-Pères, 30, à Paris.
Siège social : rue du Jardin-Botanique, à Liége.

Ch. Claesen, fondateur, né en 1829 à Liége, ancien élève de l'Académie royale des Beaux-Arts de cette ville, embrassa dès son jeune âge la profession de graveur lithographe, chez Avanzo, imprimeur-éditeur.

Il s'établit en 1857, à Liége, publia les planches d'ornements et d'architecture qu'il gravait; délaissant par intervalle son burin pour aller vendre lui-même le produit de son travail aux artistes, dont il connaissait mieux que personne les besoins journaliers.

L'atelier qu'il avait formé s'agrandit ; il se mit à la recherche de maîtres ornemanistes plus goûtés que ceux qu'il avait publiés jusqu'alors.

Les connaissances qu'il avait acquises dans l'art industriel et décoratif le mirent en rapport avec de nombreux artistes de Paris qui s'étaient révélés sous le second Empire. Il s'entendit avec plusieurs d'entre eux pour publier leur œuvre : Liénard, Ch. Rambert, Ed. Muller, H. Gruz, Ch. Polisch, Eug. Prignot, tous maîtres ornemanistes parisiens de notre époque, furent les premiers collaborateurs de la maison qu'il avait fondée avec peine.

Il dépensa beaucoup pour donner à sa maison une extension de plus en plus importante.

Il fut un des premiers en Belgique qui ouvrit dès 1868, dans ses ateliers, celui de la photolithographie et dès 1872, celui de la phototypie : cela au prix de tâtonnements et de grandes difficultés à vaincre dans les débuts d'une industrie nouvelle

Il y a vingt ans, les débouchés faisaient défaut pour la

vente des éditions dont il s'était fait une spécialité. Il fonda, au lendemain de la déplorable prise d'armes de 1870, à Paris et à Berlin, deux comptoirs pour faciliter l'écoulement de publications, lourdes d'entreprise, mais universellement appréciées, comprises de tous les peuples.

La beauté de l'historique château de Fontainebleau l'entraîna à compléter l'œuvre de Rodolphe Pfnor, en éditant le 3e volume qui traite des époques Louis XIV, Louis XV et Louis XVI.

La publication *l'Émulation*, organe de la Société centrale d'architecture de Belgique, fut reprise par lui en 1884; Laureys et Ryssens de Lauw, architectes; Jean Capeinick, E. Meyer et J. Carpey, peintres décorateurs, sont au nombre des auteurs belges qu'il publia.

Un malaise subit, causé par la fatigue et les préoccupations de toutes sortes qui hantent l'esprit de ceux qui ont créé quelque chose et qui sentent leurs forces défaillir, l'emporta le 6 novembre 1886.

Les deux fils de Ch. Claesen ont aujourd'hui en mains la direction de la maison créée par leur père.

Indépendamment des travaux de gravure et d'impression exécutés pour le compte de particuliers, les publications du fonds Ch. Claesen comportent aujourd'hui une collection de plus de 80 volumes, presque tous in-folio, contenant : 4,035 *planches parues en gravure, lithographie ou clichés* d'ouvrages et modèles à l'usage des architectes, dessinateurs, marbriers, serruriers, menuisiers, sculpteurs en tout genre, peintres-décorateurs, en bâtiment, sur porcelaine, éventail et sur verre, ébénistes, tapissiers, brodeurs, graveurs, ciseleurs en tout genre, marqueteurs, tourneurs, armuriers, costumiers, etc., fabricants de tissus, de meubles, orfèvrerie, bronze, ferronnerie, fondeurs, etc. Ces ouvrages se répandent petit à petit dans les cinq parties du monde, y enseignant la manière de créer et de décorer les objets mobiliers de toute sorte, conçus dans le goût d'artistes jugés dignes d'être publiés.

OUVRAGES EXPOSÉS

EXTRAIT DU CATALOGUE

CAPEINICK (J.). *Études de fleurs peintes.* 1 vol. 35 × 45. 9 planches en chromolithographie. 1885-86 . . 36 fr.

CLAESEN (CH.). *Recueil d'ornements et de sujets appliqués à l'ornementation des armes.* 1 vol. gr. in-4, 40 pl. gravées sur pierre. 1856 . . . . 40 fr.

Cet ouvrage est le premier publié par Ch. Claesen, qui le grava lui-même. C'est malheureusement le seul qu'il ait fait connaître comme graveur.

L'ÉMULATION, publication mensuelle de la Société centrale d'Architecture de Belgique. Par an : 1 v. in-folio, 48 pl. et 96 pages de texte . . . . 35 fr.

1889. 14e année parue.

Les clichés phototypiques ou photolithographiques à partir de 1886 sont exécutés par Joseph Claesen.

GRUZ (H.). *Motifs de peinture décorative pour appartements.* Compositions de l'auteur. 1 vol. in-folio, 60 pl. en chromolithographie. 1870-1875 . . . . . . 140 fr.

KINDTS (J.). *Le Mobilier moderne,* avec détails, coupes, plans et profils des meubles. 1 vol. in-folio, 48 pl. en phototypie. Édition de luxe. 1890 . . . . 88 fr.

4 livraisons parues sur 8.

LIÉNARD. *Spécimens de la Décoration et de l'Ornementation au dix-neuvième siècle.* 1 vol. in-folio, 125 pl. en lithographie. 1866-1868. . . . . 125 fr.

PFNOR (R.). *Architecture et Décoration des époques Louis XIV, Louis XV et Louis XVI, au Palais de Fon-*

tainebleau. 1 vol. in-folio, 80 pl. gravées sur cuivre ou acier et signées. Texte de 20 pages avec dessins. 1875-1885 . . . . 200 fr.

POLISCH (A.). *Motifs de décoration moderne des cartons et poncifs de l'auteur.* 2ᵉ série : 1 vol. in-folio, 25 pl. en phototypie. 1881-1886 . . . . 40 fr.

PRIGNOT (E.). *La Tenture moderne.* 4ᵉ série : 1 vol. in-folio, 25 pl. en autographie. 1878-1885 . . . . 25 fr.

RYSSENS DE LAUW (J.-A.). *L'Architecture en Belgique.* Suite de 25 façades composées par l'auteur. 1 v. in-fol., 25 pl. en autographie. 1878-1879. . . . . 25 fr.

SCHOY (Aug.). *L'Art architectural, décoratif, industriel et somptuaire de l'époque Louis XVI.* 2 vol. in-folio, 300 pl en photolithographie d'après les estampes du temps. 1868-1871 . . . . 150 fr.

La photolithographie de ce dernier ouvrage fut commencée en 1868 dans les ateliers de Ch. Claesen. C'est un des premiers spécimens exécutés à l'aide de ce procédé.

VAN DRIESTEN. *Armorial national des villes de France.* 2 pl. colombier contenant 506 blasons des principales villes. 1889. . . . . 6 fr.

TRAVAUX DE GRAVURE ET D'IMPRESSION

Exécutés pour le compte de particuliers.

1887. *Catalogue d'Ameublement du Petit-Saint-Thomas à Paris.*

1889. *Catalogue des Cristalleries du Val-Saint-Lambert.*

ARMAND COLIN & CIE

ÉDITEURS

Rue de Mézières, 1, 3, 5, à Paris

La Librairie ARMAND COLIN ET Cie, fondée en 1870, s'est occupée principalement d'éditions à l'usage des Écoles primaires et des classes élémentaires des Lycées et Collèges. En peu d'années ces ouvrages se trouvaient répandus dans toutes les écoles de France [1].

La maison s'est toujours attachée à joindre au bon marché et aux qualités pédagogiques qui ont distingué ses productions, une exécution matérielle irréprochable.

C'est la Librairie Armand Colin et Cie qui *la première* a fait exécuter en France — 1873 — les tirages, en *chromotypographie*, des Géographies-atlas du Cours de M. P. Foncin : elle a su atteindre du premier coup la perfection matérielle : impression régulière, égalité et douceur de teintes, repérages parfaits.

Comme publications à bon marché, rappelons encore :

Le Petit Français illustré, journal pour les enfants, dont le tirage hebdomadaire dépasse 85 000 exemplaires.

Le Volume, journal in-12 des maitres de l'enseignement primaire, qui compte plus de 15 000 abonnés.

La Librairie Armand Colin et Cie, dans ces dernières années, a étendu son champ d'action et a publié, avec un souci constant de bien faire, des ouvrages de bibliothèque, de haut enseignement et d'érudition, qui ont trouvé auprès du grand public la même faveur que ses productions élémentaires avaient rencontrée dans les écoles.

---

1. Comme chiffres de vente de certains Cours, mentionnons :
Le Cours de langue française Larive et Fleury : 12 millions ;
Le Cours de Géographie P. Foncin : plus de 12 millions ;
Le Cours Lavisse : 5 millions ;
Le Cours d'Arithmétique de Leyssenne : 6 millions.
Les livres de Lecture Rocherolles et Guyau ont dépassé chacun une vente de 2 millions d'exemplaires. Enfin la vente des cartes murales Vidal-Lablache s'est élevée à plus de 30 000.

PRINCIPALES RÉCOMPENSES

1873. Diplôme de mérite a l'Exposition universelle de Vienne.

1874. *Médaille d'argent.* La plus haute récompense de la Société pour l'Instruction élémentaire.

1877. *Diplôme d'honneur.* La plus haute récompense à l'Exposition scolaire de Compiègne.

— *Médaille de vermeil.* La plus haute récompense à l'Exposition scolaire régionale de Versailles.

1878. Médaille d'argent a l'Exposition universelle de Paris.

1880. *Médaille d'argent* à l'Exposition régionale de Melun.

— *Mention honorable* à l'Exposition de Québec (Canada).

1881. *Diplôme d'honneur* au Congrès géographique de Bordeaux.

— *Diplôme d'honneur* au Congrès géographique de Lyon.

— *Mention honorable* au Congrès géographique international de Venise.

— *Médaille d'honneur* de la Société libre, pour le développement de l'Instruction et de l'Éducation.

1882. Médaille d'or a l'Exposition universelle de Bordeaux.

1883. Médaille d'or a l'Exposition internationale d'Amsterdam.

— *Diplôme d'honneur* à l'Exposition de Rochefort-s.-Mer.

— *Diplôme hors concours* à l'Exposition géographique de Bar-le-Duc.

1884. *Diplôme d'honneur* à l'Exposition internationale de Nice.

— *Médaille d'argent* à l'Exposition internationale de Géographie de Toulouse.

1885. Hors concours a l'Exposition universelle d'Anvers. (*Membre du Jury des récompenses.*)

1886. *Diplôme d'honneur* à l'Exposition du Matériel scolaire de Lille.

1887. *Hors concours* à l'Exposition de Hanoï (Tonkin).

1888. MÉDAILLE D'OR A L'EXPOSITION UNIVERSELLE DE BARCELONE.

— MÉDAILLE D'OR A L'EXPOSITION UNIVERSELLE DE MELBOURNE (Australie).

1889. HORS CONCOURS A L'EXPOSITION UNIVERSELLE DE PARIS. (*Membre du Jury des récompenses.*)

OUVRAGES EXPOSÉS

LARIVE ET FLEURY. *La Première année de grammaire.* 108e édition. 1 vol. in-12 cartonné . . . . . . 75 c.

LARIVE ET FLEURY. *La Deuxième année de grammaire.* 65e édition. 1 vol. in-12 cartonné . . . . . . 1 fr. 25

LARIVE ET FLEURY. *La Troisième année de grammaire.* 27e édition. 1 vol. in-12 cartonné . . . . . . 1 fr. 80

FONCIN (P.). *La Première année de géographie.* 117e édit. 1 vol. in-4 cartonné. . . . . 1 fr. 50

FONCIN (P.). *La Deuxième année de géographie.* 19e édit. 1 vol. in-4 cartonné. . . . . 3 fr. 90

BERT (PAUL). *La Première année d'enseignement scientifique.* 16e édition. 1 vol. in-12 cartonné . . . . 90 c.

BERT (PAUL). *La Deuxième année d'enseignement scientifique.* 23e édition. 1 vol. in-12 cartonné. . . 1 fr. 50

GUYAU. *La Première année de lecture courante.* 30e édit. 1 vol. in-12 cartonné . . . . 1 fr. 50

GAZIER (A.). *Nouveau Dictionnaire classique illustré.* 11e édition. 1 vol. in-12 cartonné. . . . . . 2 fr. 60

MARCHAND (H.). « *Tu seras agriculteur.* » *Histoire d'une famille de cultivateurs.* 1 volume in-12 cart . 1 fr. 60

LEYSSENNE (P.). *La Deuxième année d'arithmétique.* 50e édition. 1 vol. in-12 cartonné. . . . . . 1 fr. 70

FONCIN (P.). *Géographie générale.* 3e éd. In-4 toile. 12 fr.

— *Géographie historique.* 1re éd. 1 vol. In-4 toile. 7 fr. 50

VOLTAIRE. *Histoire de Charles XII*, annotée par M. WAHL. 1 vol. in-12 cartonné . . . . 2 fr. 25

NAUROUZE (JACQUES). *Les Bardeur-Carbansane. La Mission de Philbert.* 1 vol. in-8 relié toile. . . . . 10 fr.

CARTES MURALES VIDAL-LABLACHE

Belgique physique et agricole. Sur papier . . . » »

Belgique politique et industrielle. Sur papier. . » »

France. Relief du sol (double face). Sur carton. 6 fr. 50

SPÉCIMENS EXPOSÉS

ROCHEROLLES. *Lectures enfantines.* Volumes in-12.

LAVISSE (ÉMILE). « *Tu seras soldat.* » Histoire d'un soldat français. 1 volume in-12.

BOURNON (E.). *Petite histoire de Paris.* 1 volume in-12.

CAHIERS *préparés d'écriture sans modèles gravés.*

MODÈLES *muraux*, imprimés en blanc sur fond noir.

CAHIERS *avec modèles et gravures.*

BÉNARD. *Cours d'histoire sainte.* Volumes in-12.

LAVISSE. *Cours d'histoire de France.* Volumes in-12.

RAQUET, GASSEND ET FRANC. 1re *Année d'agriculture.* 1 volume in-12.

MARTIN. *Cours normal de travail manuel.* 1 vol. in-12.

LAVISSE ET DUPUY. *Histoire de France.* 1 vol. in-12.

DRINCOURT ET DUPAYS. *Traité de physique.* 1 v. in-12.

IMPRIMERIE ADMINISTRATIVE, COMMERCIALE ET ARTISTIQUE

L. DANEL

A LILLE

Officier de la Légion d'honneur.

Médaille d'or de Paris 1878, Membre du Jury Amsterdam 1883, Médaille d'or Paris 1889.

L'imprimerie L. Danel, qui subsiste sous la même forme depuis 1697, occupe 550 ouvriers. Elle a 43 presses mécaniques, 27 presses à bras et une fonderie de caractères.

En noir, elle a la spécialité des impressions pour chemins de fer, des travaux administratifs, scientifiques, et des éditions de luxe.

La première en France, en 1841, elle introduisit l'impression en couleurs, dite à la congrève. Près de deux millions d'étiquettes sortent actuellement par jour de ses ateliers, et, depuis quelques années, elle a fait des reproductions artistiques de reliures anciennes, de faïences et d'objets d'art.

Dans ces derniers temps, elle a donné un grand développement à ses ateliers de gravure et de photogravure.

OUVRAGES EXPOSÉS

CHARLES C... *Voyage dans un grenier.* 1 volume in-4 raisin. 1878. Édition à 300 fr. (Épuisé.)

CHARLES COUSIN. *Racontars illustrés d'un vieux collectionneur.* 2 volumes in-4 raisin. 1887. Édition à 500 fr. Tome premier et tome second.

DE ROTHSCHILD (James). *Catalogue des Livres* composant la bibliothèque de feu M. le baron James de Rothschild. 1 volume in-8 raisin. 1884. Tome premier.

DEHAISNES (M. LE CHANOINE). *Histoire de l'Art dans la Flandre, l'Artois et le Hainaut,* avant le quinzième siècle. 1 volume in-4 raisin. 1886 . . . . . . 60 fr.

— *Documents et Extraits divers concernant l'Histoire de l'Art dans la Flandre, l'Artois et le Hainaut,* avant le quinzième siècle. Première partie : 627-1373. Seconde partie : 1374-1401. 2 volumes in-4 raisin. 1886. 80 fr.

MORGAND (DAMASCÈNE). *Bulletin mensuel,* Librairie Damascène Morgand.

BÉRALDI (HENRI). *Les Graveurs du XIXe siècle.* Guide de l'Amateur d'estampes modernes.

MAINDRON (ERNEST). *Le Champ de Mars.* 1751-1889. 1 volume in-8 jésus. 1889 . . . . 12 fr.

VUILLEMIN (E.). *Le Bassin houiller du Pas-de-Calais.* Histoire de la recherche, de la découverte et de l'exploitation de la houille dans ce nouveau bassin. 3 volumes in-8 raisin, 1880, à 18 fr. chacun. . . . . . . 54 fr.

VAN HENDE. *Lille et ses Institutions communales,* de 620 à 1804, avec annotations et tables. 1 volume in-8 raisin (petit). 1888. . . . . 10 fr.

HOUDOY (JULES). *Les Imprimeurs lillois.* Bibliographie des impressions lilloises. 1595-1700. 1 volume in-8 jésus. 1879 . . . . 25 fr.

DARBLAY PÈRE & FILS

FABRICANTS DE PAPIER DE PATES DE PAILLE ET DE CELLULOSE
DE BOIS ÉCRUES ET BLANCHIES

Bureaux : rue du Louvre, 3, à Paris

PAPETERIES D'ESSONNE

L'origine de la Papeterie d'Essonne remonte à 1340. C'est dans cette usine que fut inventée en 1799, par Louis Robert, la machine à papier continue.

En 1867, la Papeterie d'Essonne fut acquise par M. Darblay et sa famille; dans les mains de ses nouveaux propriétaires la production de cette usine fut décuplée.

Aujourd'hui, l'usine d'Essonne occupe 2000 ouvriers des deux sexes, représentant un salaire de trois millions de francs par an. Elle renferme 2 800 chevaux de force motrice fournis par 10 moteurs hydrauliques, 56 machines à vapeur et 45 chaudières à vapeur formant une surface totale de chauffe de 5000 mètres carrés; 18 machines à papier livrent au commerce une moyenne de 90 000 kilogrammes de papier par jour.

L'arrivage des matières premières et l'expédition des marchandises fabriquées jouent un rôle important dans un Établissement qui met en mouvement 600 tonnes de marchandises par jour. Pour rendre pratique cette manutention considérable, l'usine est reliée à la Compagnie P.-L.-M. par un embranchement à voie normale, et tout récemment MM. Darblay père et fils ont complété leur organisation en creusant un port sur la Seine et en mettant leurs Établissements en communication avec le fleuve par une autre ligne ferrée, également à voie normale, qui a nécessité un tunnel de 700 mètres. Ces deux embranchements viennent aboutir à une des entrées de l'usine, d'où partent plusieurs voies d'un développement total de 15 kilomètres, sur lesquelles trois grues à vapeur, trois locomotives et cent vingt wagons transportent les marchandises aux différents ateliers.

Ce qui ajoute à l'importance des Établissements d'Essonne, c'est qu'ils comprennent, en outre de la fabrique de papiers proprement dite :

1° Une fabrique de cellulose au bisulfite (la première qui fut installée en France), qui transforme en excellente pâte à papier équivalente aux meilleures pâtes de chiffons, les sapins de Suède, Norvège et Finlande; la production mensuelle de cette usine est de 600 tonnes de cellulose;

2° Une fabrique de pâte de paille et d'alfa, dans laquelle les pailles et l'alfa sont lessivés à la soude, blanchis au chlore, avec fours pour l'évaporation des eaux de lavage et régénération de la soude;

3° Le moulin à chiffons avec tous ses ateliers annexes pour le triage, le lessivage, les piles défileuses et le blanchiment.

Un atelier mécanique, placé au centre des usines, renfermant forges, tours, ajustage, menuiserie, modelage, occupe près de 200 ouvriers; créé dans le principe pour assurer l'entretien du matériel de tout genre, cet atelier construit aujourd'hui les machines à papier et les machines à vapeur. La première machine à papier construite en totalité à la Papeterie d'Essonne a obtenu à l'Exposition universelle de 1889 le grand diplôme d'honneur.

Nous donnerons une idée de l'étendue des Établissements d'Essonne, en disant qu'ils occupent une surface de 200 hectares, dont 80 000 mètres carrés couverts de bâtiments.

Reliée à ses bureaux de Paris par le télégraphe et le téléphone, la Papeterie d'Essonne est en relation constante et rapide avec sa clientèle parisienne, à laquelle elle livre toutes les sortes de papiers, depuis la tenture et le journal jusqu'aux plus belles sortes employées à l'impression, à l'écriture, etc.

MM. Darblay père et fils exploitent en outre à Bellegarde-sur-Valserine, à la perte du Rhône, une papeterie dont la production trouve son écoulement dans la clientèle de Lyon et de Marseille. Cette usine tire ses pâtes chimiques d'une importante fabrique de cellulose créée il y a quelques années par MM. Darblay père et fils, au milieu du massif forestier du Tyrol autrichien, à Wörgl, à la bifurcation des chemins de fer de la Sudbahn et de la ligne de l'État autrichien. Cet établissement alimente de cellulose, en plus de Bellegarde, bon nombre de papeteries autrichiennes, italiennes, en même temps que des fabriques du Sud-Est de la France.

MM. Darblay père et fils n'ont rien négligé de ce qui intéresse l'hygiène et le bien-être de la population laborieuse occupée dans leurs établissements. Nous citerons dans cet ordre d'idées : l'assainissement de l'atelier de triage de chiffons par le ventilateur Fouché; le traitement par la chaux et la décantation méthodique de toutes les eaux chargées de résidus, avant leur retour à la rivière; l'égouttage parfait et l'enlèvement quotidien de toutes les boues provenant de cette décantation, lesquelles, conduites par le chemin de fer sur les terres du voisinage, constituent un engrais utile au lieu de devenir une cause d'insalubrité; la distribution gratuite de l'eau de source dans la ville d'Essonne; la construction de nombreuses maisons ouvrières; les écoles et la salle d'asile, construites et entretenues aux frais des propriétaires de l'usine; enfin, la cantine et l'économat, dont les bénéfices viennent grossir les ressources de la caisse de secours et de retraite alimentée par les cotisations des ouvriers et par des subventions égales de MM. Darblay père et fils.

PRODUITS EXPOSÉS

Papiers blancs, bulle et de couleurs, vélins vergés et filigranés, papier à lettres, papier buvard, papier écolier réglé et coquilles satinées, papier d'alfa ; papiers d'impression fins et courants, sans colle et collés, glacés et non glacés, affiches, papier journal en rames et en bobines, apprêtés ou satinés, rouleaux et bobines de tenture, roulettes télégraphiques, etc.

Échantillons de pâtes de paille et de cellulose de bois écrues et blanchies.

PRINCIPALES FABRIQUES

Usine principale à Essonne (Seine-et-Oise), desservie par la gare de Moulin-Galant avec embranchement particulier. — Port sur la Seine aux Bas-Vignons. — Télégraphe. — Téléphone direct avec Paris.

Papeteries à Essonne, à Moulin-Galant, à Écharcon (Seine-et-Oise) et à Bellegarde-sur-Valserine (Ain).

Fabrique de pâte de paille à Essonne.

Fabriques de cellulose de bois à Essonne et à Wörgl (Tyrol autrichien).

Dix-neuf machines à papier, avec coupeuses et bobineuses; quinze calandres continues; atelier de satinage à la plaque, machines à régler, etc.

Ateliers de construction à l'usine principale.

FONDERIE EN CARACTÈRES

MAISON DEBERNY & CIE

Rue d'Hauteville, 58, à Paris

En 1827, Laurent, fondeur, Balzac, le célèbre romancier, et l'imprimeur Barbier, s'associèrent pour l'exploitation de la vieille fonderie Gillé, qui avait eu son heure de prospérité au siècle dernier.

Mais cette association fut éphémère. Au bout d'une année à peine, elle avait cessé d'exister, et M. Laurent seul restait de la combinaison, associé avec M. Deberny. Cette nouvelle société dura jusqu'en 1848.

Pendant près de trente ans, M. Deberny resta seul à la tête de la maison. Son œuvre fut considérable. C'est à son intelligente direction et au concours des graveurs les plus réputés, les frères Aubert et Huchot, que la typographie est redevable de ces belles séries de lettres latines qui se retrouvent dans les spécimens de presque toutes les fonderies du monde.

En 1877, il s'associa M. Tuleu, ancien élève de l'École Polytechnique.

A la mort de M. Deberny, en 1881, M. Tuleu resta seul directeur de l'usine, qu'il transporta, en 1888, de la rue Visconti où elle existait depuis l'origine, dans de vastes locaux construits et installés *ad hoc* au numéro 58 de la rue d'Hauteville.

A l'Exposition Universelle de 1889, les productions de la fonderie Deberny et Cie lui ont valu un grand prix.

Dans le groupe de l'Économie sociale, les institutions établies en faveur du personnel par M. Deberny, en 1848, ont obtenu deux Médailles d'or : une, pour la participation du personnel aux bénéfices ; une autre, pour l'institution de la Caisse de l'atelier, propriété commune et viagère de ses membres.

Cette caisse est alimentée par la part de bénéfices attribuée au personnel et une retenue de 2 0/0 sur le salaire de ses membres.

Elle compte environ 140 sociétaires.

Le budget annuel moyen pour les cinq dernières années est de 26,000 fr., se décomposant en 8,000 fr. de secours de maladies et autres, et 18,000 fr. de pensions.

L'actif de la caisse est aujourd'hui de 141,000 fr.

OBJETS EXPOSÉS

CADRES DE CARACTÈRES — SPÉCIMEN DE CARACTÈRES

SPÉCIMEN DE VIGNETTES

LIBRAIRIE CLASSIQUE

DE

CH. DELAGRAVE

Rue Soufflot, 15, Paris

Diplômes et médailles d'honneur à toutes les Expositions internationales
Hors concours à l'Exposition universelle de 1889,
Officier de la Légion d'honneur

La librairie Delagrave fut fondée en 1839 par MM. Dezobry et Magdeleine : elle prit rapidement la première place comme librairie universitaire, et ses éditions latines et grecques, connues sous le nom d'éditions Dezobry, sont restées célèbres. En en prenant la direction, M. Delagrave élargit le cercle de ses publications : des efforts actifs et incessants, une impulsion toujours nouvelle n'ont cessé, dès lors, de la faire progresser et de lui assurer le rang qu'elle occupe aujourd'hui

Le Catalogue de la Librairie Delagrave embrasse actuellement tous les ordres d'enseignement : écoles maternelles, enseignement primaire, primaire supérieur et professionnel, écoles normales, enseignement secondaire classique, enseignement secondaire spécial, enseignement secondaire de jeunes filles, etc.... Pour la rédaction d'un nombre si considérable d'ouvrages, M. Delagrave s'est assuré la collaboration des sommités littéraires et scientifiques qu'il serait trop long de citer ici.

C'est particulièrement dans le domaine si important de la géographie que la librairie Delagrave s'est fait une réputation universelle par le nombre et la valeur de ses publications : cartes murales, globes, atlas, traités, etc., pour tous les degrés de l'enseignement. — L'*Atlas de Géographie générale*, par le colonel Niox ; celui de M. Levasseur, en cours de publication ; le grand ouvrage du même auteur sur *la France et ses colonies*, dont deux volumes viennent de paraître, témoignent hautement, entre un grand nombre d'autres, de la part considérable prise par cette maison à la rénovation des études géographiques en France.

Bien que s'occupant spécialement d'éducation et d'enseignement, la librairie DELAGRAVE publie un grand nombre d'ouvrages de bibliothèque tels que *l'An* 1789, ce magistral ouvrage d'Hippolyte GAUTIER, et l'*Encyclopédie* en trois grands dictionnaires généraux, auxquels va s'en ajouter un quatrième, le *Dictionnaire général de la langue française*, par MM. Arsène DARMESTETER et HATZFELD, si impatiemment attendu par tout le monde savant, plus complet quoique plus concis que ceux publiés jusqu'aujourd'hui, et qui n'a pas coûté moins à ses auteurs qu'une collaboration assidue d'un quart de siècle.

Là aussi sont publiés : le *Musée des Familles*, doyen des périodiques illustrés, et le *Saint-Nicolas*, le plus intéressant et le plus luxueux des journaux destinés à l'enfance ; *l'Écolier illustré*, cette merveille de bon marché ; la *Revue pédagogique*, la *Revue de géographie*, le *Courrier des Examens*, le *Journal de Mathématiques*, et enfin la *Revue Athlétique*, favorablement accueillie dès son apparition par tous ceux qu'intéresse à juste titre la question de la régénération physique en France.

OUVRAGES EXPOSÉS EN VOLUMES

BELLAIGUE. *L'Année musicale*. In-12 br. . . 5 fr.

DELAPORTE. *Voyage au Cambodge*. In-8 jésus. 28 fr.

GASSIES DES BRULIES. *La Farce de Maître Pathelin*. In-8 br. . . . . 10 fr.

— *La Farce du Cuvier*. In-8 broché . . . . . . 6 fr.

— *La Farce du Pâté et de la Tarte*. In-8 br. . . 6 fr.

GAUTIER (H.). *L'An* 1789. Gr. in-4, 650 grav. . 65 fr.

JANET (P.) *Histoire de la Révolution française.* 3 fr. 50

NIOX (COLONEL). *Atlas de Géographie générale.* . 52 fr.

NIOX ET DARSY. *Atlas de Géographie générale.* 7 fr. 50

PELLIER. *Langage équestre.* Grand in-8 illustré. 25 fr.

PÉTIS DE LA CROIX. *Les Mille et un Jours.* . 32 fr.

SÉHÉ ET STREHLY. *Exercices physiques.* In-8 c. 2 fr.

OUVRAGES EXPOSÉS EN FEUILLES

AICARD. *Le Livre des Petits.* In-4 ill., br. . . 5 fr.

ALEXANDRE ET TAVERNIER. Le *Guignol des Champs-Élysées.* In-8 ill., br. . . . . 5 fr.

BACHELET ET DEZOBRY. *Dictionnaire général des Lettres, Beaux-Arts.* 2 vol. in-8, br. . . . . . 25 fr.

BELLAY. *Proportions du corps humain.* In-8 cart. 2 fr.

BESSON. *Anatomie et physiologie animales.* In-8 br. (en cours de publication).

CORNEILLE. *Théâtre complet* (HÉMON). 4 v. in-12. 12 fr.

CROZALS (DE). *Anthologie de la France*, cart. . 3 fr. 50

DARMESTETER (A.). *La Vie des mots.* In-12. . 2 fr.

DARMESTETER ET HATZFELD. *Dictionnaire général de la langue française* (sera publié en 30 fascic. à 1 fr.)

DEZOBRY ET BACHELET. *Dictionnaire général de biographie, d'histoire.* 2 vol. in-8 br. . . . . . . 25 fr.

DUPUIS. *Autour du monde.* In-12 cart. . . . . 1 fr. 50

FABRE (J.-H.). *Histoire naturelle.* In-12 br. . . 4 fr.

FARÉ. *Lettres d'un jeune officier à sa mère.* In-8 br. 6 fr.

HERVILLY (D'). *La Vision de l'Écolier puni.* . 1 fr. 25

JOIGNEAUX. *Le Livre de la ferme et des maisons de campagne.* 2 vol. in-8 jésus br. . . . . 32 fr.

LA BLANCHÈRE (DE) *Nouveau Dictionnaire des pêches.* Gr. in-8 ill. br. . . . . 30 fr.

LEVASSEUR. *Les Alpes et les grandes ascensions.* 10 fr.

LEVASSEUR. *La France et ses colonies.* T. I et II. 17 fr.

— Tome III. (Sous presse.)

MARTEL. *Les Cévennes.* Grand in-8 pitt. ill. br. 5 fr.

MÉNARD (RENÉ). *La Mythologie.* In-8 ill. br. . . 25 fr.

— *Le Monde vu par les artistes.* . . . . 25 fr.

NICOLE (TANTE). *Proverbes de Pierrot.* In-4 ill. 3 fr.

PASCAL. *Pensées* (HAVET). 2 vol. in-8 br. . . . 8 fr.

PRIVAT DESCHANEL ET FOCILLON. *Dictionnaire général des sciences.* 2 vol. in-8 br. . . . . . . 32 fr.

RACINE. *Théâtre complet* (BERNARDIN). 4 vol. in-12. 12 fr.

RATISBONNE. *La Comédie enfantine.* In-12 ill. 3 fr. 75

RICQUIER (L.). *Scènes classiques et monologues.* 3 fr. 50

SAINT-NICOLAS. *Nouvelles illustrées.* In-4 br. 1 fr.

SANTA-ANNA NÉRY. *Le Brésil en* 1889. In-8 br. 7 fr.

SAUVAGEOT. *Enseignement du dessin par les solides.* In-4; texte, 10 fr.; atlas. . . . . 20 fr.

ULBACH (LOUIS). *L'Espion des Écoles.* In-8 jésus. 10 fr.

VIRGILE. *Œuvres complètes*, texte latin (DUVAUX). 3 fr.

Voyages dans tous les mondes. Vol. in-16, de 320 p. 1 fr.

WILLIAMS. *Reading book.* In-12 relié toile. . 1 fr. 50

HÉMENT. *Tableaux astronomiques* (6 tableaux). 10 fr.

— *Tableaux géographiques* dessinés par CICÉRI (12 tableaux) . . . . . 15 fr.

REVUE ATHLÉTIQUE. *Publication mensuelle :* par an, France, 12 fr.; union postale. . . . . 14 fr.

SAINT-NICOLAS. Année 1889. . . . . 23 fr.

MUSÉE DES FAMILLES. Année 1889. . . . . 19 fr.

DELALAIN FRÈRES

Imprimeurs-éditeurs, rue des Écoles, 56, à Paris

NICOLAS-AUGUSTIN DELALAIN Fonde la Librairie, 1764 JACQUES-AUGUSTE DELALAIN Successeur en 1808, de la Maison Barbou fondée en 1704 *Imprimeur-libraire classique.*	JULES DELALAIN, 1836-1877 *Imprimeur de l'Université, en* 1846 Henri Delalain (1864) et Paul Delalain (1866) lui sont associés, sous la raison sociale JULES DELALAIN ET FILS qui devient DELALAIN FRÈRES en 1877

Classiques anciens et modernes; Ouvrages d'Histoire, de Philosophie et de Sciences; Programmes pour les examens et concours; Registres et Modèles pour la Comptabilité universitaire.

La Maison DELALAIN FRÈRES a pour spécialité la publication des livres classiques. Elle doit surtout ce caractère à l'acquisition faite en 1808, par un de ses chefs, de l'imprimerie et de la librairie des BARBOU. Sous l'Empire et la Restauration, elle fournit des livres d'enseignement secondaire à tous les Lycées et Collèges; depuis la loi de 1833, elle a édité de nombreuses publications pour l'enseignement primaire, aux progrès duquel elle contribue utilement. Toujours fidèle à ses origines et à ses traditions, elle offre au corps enseignant des ouvrages répondant aux divers besoins de l'enseignement, et soigneusement revus, exactement corrigés ou inspirés par ses chefs.

MM. DELALAIN, qui impriment d'importants ouvrages d'administration et de législation universitaires, fournissent les modèles nécessaires aux divers services administratifs des Facultés, Lycées, Collèges, Écoles normales primaires.

PRINCIPAUX OUVRAGES EXPOSÉS

Chartularium Universitatis Parisiensis. Tomus I, ab anno MCC usque ad annum MCCLXXXVI. 1 vol. in-4 (1889).

GRÉARD. *La Législation de l'Enseignement primaire depuis 1789 à nos jours.* 2e édition. *Tome Ier* (1789-1833), avec nombreux fac-similés. 1 vol. in-8 (1889).

LEBON. *Traité de Géométrie descriptive.* 2 volumes in-8 (1882-1888).

JABLONSKI. *Compléments d'Algèbre ; — Cours d'Arithmétique.* 2 volumes in-8 (1887-1888).

BOUANT. *Cours de Chimie.* 1 volume in-8 (1885).

CORNELIUS NEPOS. Édit. W. et Ch. Rinn. In-12 (1888).

XÉNOPHON. *Extraits* avec lexique, par M. Ch. Rinn. 1 vol. in-12 (1889).

DRESCH. *Dictionnaires allemand-français et français-allemand.* 7e édition. 2 vol. gr. in-18 à deux colonnes (1889).

SCHILLER. *Guerre de Trente ans.* Edition Hallberg. 1 v. grand in-18 (1884).

ELWALL. *Dictionnaires anglais-français et français-anglais.* 16e édition. 2 vol. in-8 (1889).

ELWALL. *The Times* (no du 14 nov. 1888). 1 vol. in-8 (1889).

CLÉMENT (J. et J.-L.). *Grammaire de la langue française.* 1 vol. in-12 (1887).

VOLTAIRE. *Extraits de prose,* par MM. Tarsot et Wissemans. 1 vol. in-12 (1890).

DELALAIN FRÈRES. *Annuaire de l'Instruction publique et des Beaux-Arts* pour 1890 (Administration et personnel ; — Législation). 1 vol. in-8 (1890).

Textes classiques. — Livres d'histoire, de sciences, etc.

IMPRIMERIE

D. DUMOULIN & CIE

Rue des Grands-Augustins, 5, à Paris.

Toute imprimerie a son caractère distinctif : l'imprimerie D. Dumoulin et Cie a, elle aussi, essayé de se donner un but spécial.

Parmi les travaux récemment sortis de ses presses, il est permis de citer quelques-uns de ces grands livres illustrés dont le type a été créé il y a quelque vingt ans, et dont l'illustration offre à la fois des éléments documentaires et artistiques : *Saint Vincent de Paul*, par Arthur Loth ; *la Révolution*, par Ch. d'Héricault ; *le Costume au moyen âge d'après les sceaux*, par G. Demay ; puis, ces petits livres populaires destinés aux enfants et au peuple, et dont l'illustration, passant par les yeux pour éclairer l'esprit, est empruntée aux maîtres de tous les temps (*la Religion enseignée aux petits enfants*, par Mgr de Ségur, etc.).

Ces diverses publications ont un caractère commun : chaque image, documentaire ou artistique, y est toujours accompagnée d'une légende plus ou moins développée qui constitue un commentaire lumineux et ne laisse aucune obscurité dans l'esprit du lecteur. Il y a vraiment là la réalisation de tout un programme : « Vulgariser l'idée par l'image. »

MM. D. Dumoulin et Cie, d'ailleurs, s'honorent d'être les imprimeurs du *Journal de la Librairie*. Ce Recueil, à raison de ses annonces, exige un assortiment considérable de caractères de toute nature et de tout style. Les imprimeurs consacrent à ce travail des soins minutieux et constants, toute leur activité et toute leur expérience.

OUVRAGES EXPOSÉS

ARTHUR LOTH, ancien élève de l'École des Chartes. *Saint Vincent de Paul et sa mission sociale.* Un volume in-4 contenant 13 chromos par Lemercier et 200 gravures dans le texte; papier des *Papeteries du Marais*, gravures sur bois par Pannemaker. Broché. . 30 fr.

Mgr DE SÉGUR. *La Religion enseignée aux petits enfants.* Un vol. in-16 contenant 55 gravures. Broché. 80 cent.

CH. D'HÉRICAULT. *La Révolution* (1789-1882). Un vol. in-4 contenant 8 chromos par Lemercier, 150 gravures dans le texte; papier des *Papeteries du Marais*, gravures sur bois par Pannemaker. Broché . . . 30 fr.

G. DEMAY, archiviste aux Archives nationales. *Le Costume au moyen âge d'après les sceaux.* Un vol. grand in-8 contenant 600 gravures et 2 chromos. Broché. 20 fr.

PAUL DELALAIN. *Inventaire des marques d'imprimeurs et de libraires.* 3 fascicules grand in-8 . . . 30 fr.

CH. LYON-CAEN ET PAUL DELALAIN. *Lois françaises et étrangères sur la propriété littéraire et artistique.* 2 vol. in-8. . . . . 20 fr.

Ces deux ouvrages ont été imprimés pour le Cercle de la Librairie.

EUGÈNE DUTUIT. *Manuel de l'amateur d'estampes.* 5 vol. in-4 sont publiés. — Imprimé pour M. A. Lévy.

ANDRÉ THEURIET. *Nos Oiseaux*, 110 compositions de H. GIACOMELLI. Un vol. gr. in-8 jésus. Broché. 20 fr.

Imprimé pour MM. H. Launette et Cie, Boudet successeur.

HENRI BOUCHOT. *Les Reliures d'art à la Bibliothèque nationale.* Un vol. gr. in-8, 80 planches. Br. . . 25 fr.

OCTAVE UZANNE. *La Reliure moderne* artistique et fantaisiste. Un vol. gr. in-8, 72 planches. Br. . . 25 fr.

Ces deux ouvrages ont été imprimés pour M. Éd. Rouveyre.

DISCOURS DE MARIAGE. — OPUSCULES DIVERS.

SOCIÉTÉ ANONYME D'IMPRIMERIE

ET DE

LIBRAIRIE ADMISTRATIVES ET DES CHEMINS DE FER

PAUL DUPONT

DIRECTEUR

rue du Bouloi, 4, à Paris

Exposition Universelle d'Anvers, 1885 — Hors Concours
Médaille d'or personnelle
Exposition Universelle de 1889 — **Médaille d'or**

L'Imprimerie administrative et des chemins de fer Paul Dupont a été fondée en 1825. Depuis cette époque, elle n'a cessé de se développer et son importance est devenue considérable. Elle possède aujourd'hui deux vastes établissements : le premier, à Paris, 4, rue du Bouloi ; le second, à Clichy, 12, rue du Bac-d'Asnières.

A Paris sont centralisés : le Siège social, la Direction, les Bureaux, la Caisse, la Librairie. Plusieurs ateliers de composition et de tirage, deux machines à vapeur de 60 chevaux chacune, 34 machines diverses : presses rotatives, machines doubles et en blanc, presses lithographiques, etc., permettent d'y exécuter rapidement tous les travaux urgents.

A Clichy sont installés les autres services de la maison : Publications, Comptabilité, Bibliothèques scolaires. Grâce à une étendue de terrain de deux hectares, on a pu donner aux ateliers et aux magasins de vastes proportions. On y a réuni : la majeure partie des ateliers de composition et de tirage, une clicherie, une galvanoplastie, un atelier de reliure et de façonnage, un atelier de réglure, une fonderie de caractères et de blancs, une réserve du matériel et des clichés. Trois machines à vapeur d'une force de 230 chevaux mettent en mouvement plus de 95 machines diverses, typographiques et lithographiques, disposées dans deux vastes galeries.

Près de 1 500 employés et ouvriers sont occupés toute l'année, dans les deux établissements.

La *Librairie* comprend deux catégories : administrative et classique.

La librairie administrative, sans cesse augmentée et rajeunie, mise au courant des changements de la législation et de la jurisprudence, est assurément sans rivale. Elle possède des ouvrages spéciaux pour toutes les branches de l'Administration et des traités pour toutes les catégories de fonctionnaires. La librairie classique, tant primaire que secondaire, répond à toutes les exigences pédagogiques ; elle est constamment tenue au courant des programmes officiels d'enseignement.

Un ensemble de quatorze publications périodiques, intéressant les lettres et le droit public, complète et continue l'instruction donnée par les livres, et fournit aux fonctionnaires et agents de tous ordres les documents officiels, règlements et arrêts nouveaux.

L'*Imprimerie* se charge des impressions de toutes sortes, notamment de l'impression des titres, actions et obligations, avec fond de sûreté et contre-impression, ainsi que des modèles spéciaux aux services financiers, aux administrations départementales et communales, aux Compagnies de Chemins de fer, aux Sociétés industrielles.

A ces spécialités, elle vient d'ajouter la *Composition typographique de la musique*, au moyen de caractères ou de parties de caractères fondus systématiquement. Ce procédé, dû à M. Henri Chossefoin, résout un des grands problèmes de l'Imprimerie. Il est certainement appelé à devenir un puissant moyen de vulgarisation pour l'art musical.

OBJETS EXPOSÉS

Une page de typographie musicale. — Un cliché. — Un flan — Un galvano. — Impression de musique.

DURAND & SCHŒNEWERK

ÉDITEURS DE MUSIQUE

Place de la Madeleine, 4, Paris.

Cette maison, fondée il y a plus de cinquante ans, est, depuis 1870, dirigée par MM. Durand et Schœnewerk, qui, en peu d'années, l'ont mise au premier rang de nos grandes maisons d'édition musicale.

Favorisant le mouvement des plus intenses provoqué par une génération jeune, pleine d'ardeur, et particulièrement bien douée, représentée par les noms de Bizet, Saint-Saëns, Massenet, Lalo, Guiraud, Godard, etc., et s'occupant surtout de présenter au public leurs œuvres lyriques et symphoniques, MM. Durand et Schœnewerk ont ouvert à ces auteurs français le marché européen, presque entièrement accaparé par les auteurs allemands, Haydn, Mozart, Beethoven, Mendelssohn, etc.

Le Catalogue de la maison Durand et Schœnewerk contient plus de deux cents œuvres, parmi lesquelles les chefs d'orchestre des grands concerts symphoniques prennent la plus grande partie de leur répertoire. En vulgarisant ainsi des œuvres qui représentent ce qu'il y a de plus élevé dans la composition musicale (la composition pour l'orchestre), MM. Durand et Schœnewerk ont fait plutôt une œuvre artistique qu'une œuvre commerciale, car, d'une part, la mise en œuvre de pareils travaux exige de grandes dépenses, tant pour la partie matérielle que pour les soins minutieux nécessaires pour arriver à la parfaite correction de ces éditions, et, d'autre part, la vente en est très restreinte. Elle ne s'adresse pas au public en général, mais seulement aux sociétés orchestrales, aux virtuoses, et, enfin, à quelques rares amateurs, qui collectionnent les œuvres sérieuses de l'École moderne.

En se consacrant plus spécialement aux œuvres symphoniques, MM. Durand et Schœnewerk ne se sont pas désintéressés des œuvres lyriques et dramatiques. Leurs catalogues contiennent de nombreux opéras de Saint-Saëns, Guiraud, Poise, et les traductions en français des grandes œuvres de Richard Wagner.

L'enseignement musical, depuis le solfège jusqu'aux œuvres de l'exécution la plus difficile, est l'objet de leurs soins constants, et leurs publications embrassent dans tous les genres les différents degrés de l'éducation artistique.

OUVRAGES EXPOSÉS

PARTITIONS D'ORCHESTRE

SAINT-SAËNS. *Troisième Symphonie en* ut *mineur.*

— *Le Déluge*, avec paroles françaises et allemandes.

WIDOR. *Fantaisie pour piano et orchestre.*

PARTITIONS D'OPÉRAS (PIANO ET CHANT)

SAINT-SAËNS. *Ascanio.*

— *Henri VIII.*

RICHARD WAGNER. *Lohengrin.*

POISE. *L'Amour Médecin.*

DIVERS OUVRAGES D'ENSEIGNEMENT

Les Clavecinistes français : RAMEAU, COUPERIN, DAQUIN, édition revue par Diémer.

MASSIMINO. *Solfège*, 2 volumes.

ROQUES. *Principes de Lecture musicale.*

PARIS
ENGEL & FILS
RELIEURS-DOREURS

ENGEL PÈRE & FILS

RELIEURS-DOREURS

Siège principal : rue du Cherche-Midi, 91, à Paris

Annexes : *A*, rue Vaugirard, 120.— *B*, rue Dauphine, 16.

Cette maison, l'une des plus anciennes de Paris, et aussi l'une des plus importantes, a été fondée en 1838, dans les conditions les plus modestes, par M. Engel père, qui s'établissait avec douze cents francs d'économies prélevées sur son salaire d'ouvrier.

En quelques années, la situation était devenue florissante. Le développement considérable que prenait la librairie illustrée, sous l'impulsion des Hetzel, Dubochet, Paulin, Bourdin, etc, etc., provoquait l'extension parallèle de la reliure. M. Engel sut le premier comprendre ces besoins nouveaux et s'ingénia à les satisfaire. D'année en année il agrandit et développa ses moyens de production. En 1842, il introduisait de Londres la première presse à dorer qui fut en France.

Aujourd'hui comme à l'origine, l'objectif spécial de la maison est la fabrication rapide, économique et élégante, de reliures à grand nombre pour Éditeurs, Imprimeurs, Commissionnaires, Exportateurs. Elle occupe dans ses trois établissements un personnel de 450 à 500 ouvriers, ouvrières et apprentis des deux sexes ; son chiffre d'affaires atteint 1,200,000 francs par an ; son matériel comporte 26 presses à dorer et à imprimer, 5 presses hydrauliques, 12 coupe-papier, 15 étaux et rouleaux à endosser, 10 presses à percussion. Les dépenses de dessin et de gravure, nécessitées par la confection des couvertures de livres pour les prix et les étrennes, atteignent une moyenne annuelle de 25,000 francs. La valeur de ce matériel dépassait un million au 1er janvier dernier.

Dans la maison Engel se sont successivement fondus

les anciens établissements de reliure de MM. Schæck, Vigneau, Pasquier, Mouveau et Levesque, Smeers et Kaufmann.

La maison Engel père et fils a obtenu en 1867, à Paris, la médaille de bronze (première exposition à laquelle elle prenait part).

En 1869, à Amsterdam, une médaille d'or;

En 1880-81, à Sidney-Melbourne, une prize medal;

En 1883, à Amsterdam, une médaille d'or;

En 1884, à Nice, le diplôme d'honneur;

En 1885, à Anvers, le diplôme d'honneur.

Ajoutons que M. Engel père a fait partie, à deux reprises, du jury international des récompenses à Paris, en 1878 et en 1889, et qu'à ce titre, sa maison a été mise hors concours à ces deux expositions universelles.

CARTONNAGES ET RELIURES EXPOSÉS

TARIF-ALBUM de l'orfèvrerie Christofle. Plaquette in-8 jésus. CHAMEROT, éditeur. Brochure toile gaufrée, avec titres et ornements imprimés en noir.

O. GRÉARD. *Précis de littérature*. In-12. G. MASSON, éditeur. Cartonné en percaline gaufrée, titres en noir.

IDA PFEIFFER. *Voyages autour du monde*. In-12. HACHETTE ET Cie, éditeurs. Cartonné en percaline gaufrée, titre doré au dos, écusson de la ville de Paris, avec légende, dorés sur plat.

ARNAULD. *Le Seigneur tigre*. Petit in-8. FIRMIN-DIDOT et Cie, éditeurs. Cartonnage en papier gaufré, dos et plats dorés à l'or faux avec rehauts de noir.

OCT. SACHOT. *Aventures, types et croquis*. Volume in-12. P. DUCROCQ, éditeur. Reliure en toile bise, titre doré au dos sur pièce de chagrin rouge. Sur le plat, légende imprimée en noir : « Ministère de l'instruction publique ».

GAVARD ET PÉRIER. *Vie et voyages de David Livingstone*. In-12. CH. DELAGRAVE, éditeur. Reliure en toile à registre, avec le titre doré sur le tissu même. Écussson doré sur le plat : « Bibliothèque du VIe arrondissement. Prêt à domicile. »

GEORGE SAND. *La Petite Fadette*. In-12. CALMANN LÉVY, éditeur. Cartonnage à la Bradel avec dos et coins en percaline gaufrée, plats papier fantaisie, titre doré sur une pièce noircie.

VIOLLET-LE-DUC. *Comment on devient dessinateur*. In-12. J. HETZEL ET Cie, éditeurs. Cartonnage à la Bradel en percaline pleine gaufrée. Titre doré au dos, avec fleurons or.

RAMBAUD. *Petite histoire de la Civilisation française*. In-12. ARM. COLIN ET Cie, éditeurs. Reliure simple de bibliothèque, dos chagrin, plats papier. Titre seul doré au dos, faux nerfs pincés.

JEANNE LOISEAU. *L'Auberge des Saules*. In-8 raisin. ALPH. LEMERRE, éditeur. Cartonnage d'étrennes à biseaux, avec impressions or et couleurs, tranche dorée.

COUVERTURE DE LIVRE pour une édition hongroise : *Scènes villageoises*. Reproduction sur percaline gaufrée d'une aquarelle peinte spécialement pour l'ouvrage. Cette reproduction a nécessité 19 tirages.

ALBUM DE 25 MODÈLES différents établis dans les douze derniers mois pour 25 nouveautés en livres d'étrennes.

FONDERIE TYPOGRAPHIQUE

J.-V. ÉON

Boulevard Edgar-Quinet, 52, Paris.

La fondation de l'important établissement que dirige M. Éon ne remonte qu'à l'année 1876.

En quatorze ans, grâce à son travail personnel, à sa persévérance, à ses connaissances techniques, à sa loyauté commerciale, M. Éon a réussi à créer de toutes pièces une fonderie dont le chiffre de production annuelle dépasse actuellement cent mille kilos de caractères, et qui a conquis la clientèle des premières imprimeries de France, parmi lesquelles on peut citer les maisons Firmin-Didot, Lahure, Quantin, Brodard, Burdin, Hérissey, Jacob, Monnoyer, etc.

Plus que tout autre d'ailleurs, M. Éon était préparé par son éducation et ses travaux de jeunesse à l'exploitation d'une industrie aussi délicate que celle de la fonderie typographique. Élève de son père, qui fut à la fois imprimeur et fondeur, compositeur typographe dans l'imprimerie Simon Raçon, il reçut une instruction professionnelle aussi variée que complète.

Il fut chargé, à vingt ans, d'installer à Santiago la fonderie nationale, pour le compte de l'État, et s'acquitta avec succès de cette tâche, qui n'était pas sans difficultés, aucun établissement de ce genre n'existant alors au Chili.

A son retour en France, la direction de la fonderie Simon Raçon lui fut confiée ; il y joignit bientôt celle de la fonderie Lahure.

C'est après la réunion de l'imprimerie Simon Raçon à l'imprimerie Lahure, que M. Éon se décida, sur les conseils de ses anciens patrons, à créer une maison de fonderie indépendante de toute attache. Il s'installa d'abord modestement rue Vavin, puis l'extension de ses affaires le contraignit à transporter ses ateliers boulevard Edgar-

Quinet, où son industrie n'a pas cessé de devenir de jour en jour plus prospère et plus importante.

Le matériel de la fonderie de M. Éon ne comprend que des machines dotées des perfectionnements les plus récents. Toujours à l'affût des améliorations nouvelles, il n'a jamais voulu garder dans ses ateliers une machine d'un modèle arriéré. Et, telle est sa conscience professionnelle, tel est son désir de bien faire, que ses machines, quoique mues par la vapeur, ont chacune leur conducteur particulier. Il pense, avec raison, qu'un homme, quelles que soient son intelligence et son habileté, ne peut suffire à conduire trois machines, comme cela se pratique dans certaines fonderies, et il estime que l'économie réalisée sur le personnel entraine une fabrication défectueuse.

Une méthode raisonnée a toujours été la directrice de l'exploitation de sa fonderie. C'est ainsi qu'ont été gravés des types originaux, d'un cachet personnel, d'une netteté et d'une lisibilité parfaites, d'une sévère élégance.

Parmi les types créés par M. Éon on peut mettre en première ligne les elzévirs et les néo-didot, qui, dès leur apparition, ont su se concilier la faveur des grands éditeurs français. Il ne faut pas oublier les séries des caractères français et anglo-français (séries n°s 9 et 12).

Le spécimen de la fonderie Éon comprend une grande variété d'initiales, de caractères de fantaisie, de vignettes, gravés avec le plus grand soin.

Tous les poinçons sont gravés à traits soutenus et permettent ainsi de fondre des caractères qui, plus que tous autres, résistent à l'usure qu'entraîne l'emploi des papiers à pâte de bois et traités par l'hyposulfite de soude.

Les efforts de M. Éon ont été récompensés par une médaille d'argent à l'Exposition des Arts décoratifs, en 1881, et par les palmes académiques, en 1889.

Extrait du journal *le Travail*.

FIRMIN-DIDOT & CIE

IMPRIMEURS-LIBRAIRES

Rue Jacob, 56, à Paris

Le nom de MM. DIDOT jouit d'une ancienne célébrité soit dans l'imprimerie, soit dans la librairie. Nous n'avons pas à rappeler les progrès nombreux qu'ils ont fait faire à l'une et à l'autre de ces branches importantes de l'industrie française. Qu'il suffise d'indiquer Pierre DIDOT, l'imprimeur des Classiques du Dauphin et des belles éditions du Louvre; Firmin DIDOT, l'inventeur de la Stéréotypie, à qui la ville de Paris a élevé une statue; et Ambroise DIDOT, le savant helléniste, qui a fait partie de l'Académie des Inscriptions.

Cette maison réunit aujourd'hui les grands services relatifs à l'industrie du livre : imprimerie, papeterie, librairie. Les deux premiers établissements, fondés il y a un demi-siècle dans les communes du Mesnil et de Sorel (départements de l'Eure et d'Eure-et-Loir), occupent plusieurs centaines d'ouvriers, et l'outillage, machines à vapeur, presses, caractères, etc., y a toujours été l'objet des soins les plus éclairés. La librairie a son principal siège à Paris.

L'antiquité, les beaux-arts et la littérature forment, en quelque sorte, les divisions du catalogue. A la première ont été consacrés des répertoires considérables, tels que le *Thesaurus græcæ linguæ* et la *Bibliothèque grecque*, celui-là qui a presque triplé l'œuvre primitive d'Henri ESTIENNE, celle-ci aux 72 vol. gr. in-8, à laquelle ont coopéré les plus illustres philologues de l'Europe.

Dans le champ si vaste de la littérature et de l'histoire, on trouve encore d'importants recueils : la *Bibliothèque française*, en 54 vol, où l'on a donné pour la première fois des éditions complètes; les *Classiques français*, en 154 vol. in-18; etc.

La maison expose aussi les éditions de luxe pour livres d'étrennes (LACROIX, GONCOURT, LEBON, SCHLUMBERGER, WALLON), les encyclopédies destinées à fournir des matériaux aux artistes (ornement, costume historique); enfin une série de volumes destinés aux distributions de prix, où elle a su réunir le bon marché à l'élégance de l'impression et à la valeur morale du texte.

OUVRAGES EXPOSÉS

RACINET. *Ornement polychrome.* 2e série. Contenant 120 planches en couleur, or et argent. Art ancien et asiatique. — Moyen âge. — Renaissance. — Seizième, dix-septième, dix-huitième et dix-neuvième siècles. Prix de la livraison, 20 fr.; prix de l'ouvrage entier, en feuilles, dans un carton, 200 fr.; relié dos chagrin, plat toile. . . . . 220 fr.

Les deux séries, l'une de 100 planches et l'autre de 120, qui, prises séparément, se vendent dans les conditions indiquées, forment un seul ouvrage de 220 planches, avec *Introduction* et *Notices*, en *deux volumes*, où les matières ont été disposées d'après un nouveau classement méthodique. Le prix fort, qui était de 350 fr., a été abaissé pour ceux qui prennent l'ouvrage entier à 320 fr. (en cartons).

RACINET. *Le Costume historique* et ses accessoires (armes, outils, objets usuels, décor de l'habitation, etc.), recueil de documents authentiques, retraçant l'histoire du costume dans tous les pays depuis l'antiquité jusqu'au dix-neuvième siècle, et contenant *cinq cents planches*, dont 300 en couleur, or et argent.

Édition ordinaire, in-4 oblong, 20 livr. de 25 pl. chacune. Prix de la livraison. . . . . 12 fr.

Édition sur grand papier, in-fol. Chaque livr. . 25 fr.

Cette grande publication, complètement terminée depuis

1887 par l'apparition de la 20e et dernière livraison, ainsi que du volume supplémentaire contenant *l'Introduction* et *les Tables*, forme un ouvrage complet en *six volumes*, dont le prix est de :

Grande édition (sous cartons). . . . . . 500 fr.
Relié demi-chagr. . . . . 572 fr.
Relié amateur . . . . 620 fr.
Petite édition (sous cartons). . . . . . . 240 fr.
Relié demi-chagr., tr. jaspées. . . . . 276 fr.
Relié amateur . . . . 300 fr.

AUDSLEY (G.-A.) ET BOWES (J.-L.). *La Céramique japonaise*, publiée sous la direction de M. A. Racinet, traduction de P. LOUISY. 40 planches en couleur, 23 planches en autotypie et photolithogr. (Petite édition). 1 vol. in-4, cartonné. . . . . 50 fr.

PARIS A TRAVERS LES AGES, aspects successifs des principales vues et perspectives historiques de Paris depuis le treizième siècle jusqu'à nos jours, restitués d'après les documents authentiques, par M. HOFFBAUER, architecte, avec un texte explicatif par MM. Édouard Fournier, Jules Cousin, Bonnardot, abbé Dufour, P. Lacroix, Jourdain, Drumont, Tisserand, Franklin, etc.
2e *édition*. 2 volumes de texte et 1 de planches (sous cartons) . . . . 300 fr.
Relié en 2 vol., demi-chagr., plats toile., tr. dor. 350 fr.

SHAKESPEARE. *Roméo et Juliette*, tragédie traduite en vers français par M. DAFFRY DE LA MONNOYE. Ouvrage illustré de 10 grandes compositions par M. Andriolli. 1 vol. gr. in-4, broché. . . . . 40 fr.
Relié amateur . . . . 55 fr.
Tirage sur papier de Japon, avec une suite d'épreuves d'artiste sur chine . . . . 100 fr.

G. SCHLUMBERGER, membre de l'Institut. *Un Empereur byzantin au dixième siècle, Nicéphore Phocas.* Ouvrage illustré de 4 chromolithographies, 3 cartes et 240 gravures, d'après les originaux ou les documents les plus authentiques. Un vol. in-4. de 800 pages. Broché, 30 fr.; relié plaque ou amateur. . . . . 40 fr.

GONCOURT (Edm. et J. de). *Madame de Pompadour.* Nouvelle édition, revue et augmentée de lettres et documents inédits et illustrée de 50 gravures hors texte, reproduites en fac-similé par Dujardin, d'après les gravures du temps. 1 vol. in-4, broché, 30 fr.; relié, avec fers spéciaux. . . . . 40 fr.

LACROIX (P.). *Dix-huitième siècle.* Institutions, usages et costumes. Ouvrage illustré de 21 chromolithographies et de 350 gravures. 1 vol. in-4. Broché. 30 fr.
Relié dos chagrin, tranches dorées ou amateur . 40 fr.

DEGEORGE (Léon). *La Maison Plantin à Anvers.* Monographie complète de cette imprimerie célèbre, liste des ouvrages imprimés par Plantin, etc. 1 vol. in-8, 3e édition ornée de 10 gravures sur bois. . . . . . 4 fr.

A. MÜNTZ et CH. GIRARD. *Les Engrais.* Tome I. Alimentation des plantes. Fumiers. Engrais des villes. Engrais végétaux. 1 vol. in-8 de 580 pages avec figures dans le texte. Broché, 6 fr.; cartonné. . . . . 7 fr.

BIBLIOTHÈQUE NATIONALE RF IMPRIMÉS

IMPRIMERIE ET LIBRAIRIE MATHÉMATIQUES

GAUTHIER-VILLARS & FILS

Quai des Grands-Augustins, 55, à Paris

Jean-Marie Courcier, 1791	Mallet-Bachelier, 1853
Bachelier, 1821	Gauthier-Villars, 1864

Gauthier-Villars et Fils, 1888

Créée en 1791, cette Librairie ne s'est pas écartée de la voie que lui avait tracée son fondateur, et continue à se consacrer uniquement à la publication d'ouvrages relatifs aux sciences mathématiques et physiques.

Si cette maison s'est assuré le monopole pour ainsi dire exclusif de ces ouvrages hérissés d'innombrables formules algébriques, où la moindre erreur typographique condamnerait le lecteur aux plus longues et aux plus pénibles recherches, c'est grâce à son matériel particulier et à l'habileté professionnelle des ouvriers qui le mettent en œuvre; grâce aussi aux soins personnels qu'apportent MM. Gauthier-Villars et fils à la correction et à la revision de ces textes ardus, l'impeccabilité de ces publications a été maintes fois constatée par les grands corps savants de la France et de l'Étranger, ainsi que par toute la presse scientifique.

Nous citerons comme le principal spécimen de ces ouvrages, dans la collection de « Haute Science », le *Traité de mécanique céleste*, par M. Tisserand, pur de fautes typographiques.

Viennent ensuite les grands in-4 de M. Resal (*Physique mathématique*), et les travaux de M. Mathieu sur l'Électrodynamique et la Physique mathématique, édités dans le même format.

Dans la collection des « Grands Géomètres », qui a valu à MM. Gauthier-Villars et fils les remerciements officiels de l'Académie des sciences, nous trouvons les Œuvres de Cauchy (26 volumes), de Lagrange (14 volumes), de Laplace (13 volumes), de Fourier (2 volumes), de Fermat.

La « Bibliothèque des sciences appliquées » comprend, entre bien d'autres ouvrages, la *Mécanique générale*, de M. Resal; la *Statique graphique*, de M. Maurice Lévy, qui a renouvelé l'art de la construction; le *Manuel du conducteur des ponts et chaussées*, de M. Endrès, etc.

Les magnifiques travaux de M. J. Bertrand sur la Thermodynamique, l'Électricité et le Calcul des probabilités; de M. Darboux, sur les Surfaces; d'Halphen, sur les Fonctions elliptiques; de M. Mascart, sur l'Optique, font partie de la « Bibliothèque d'enseignement supérieur » que connaissent bien tous les élèves des Facultés.

MM. Gauthier-Villars ne publient pas moins de seize périodiques (*Comptes rendus de l'Académie des sciences*, *Journal de mathématiques*, *Journal de l'École polytechnique*, etc.), sans parler des travaux du Bureau international des poids et mesures et du Bureau central météorologique. Les Observatoires de Bordeaux, de Nice, de Toulouse, les Facultés des Sciences de Grenoble, de Lille, de Toulouse, n'hésitent pas à venir chercher jusqu'à Paris la correction typographique indispensable à leurs travaux.

Mentionnons encore la riche « Bibliothèque photographique », comprenant près de 150 monographies où les innombrables applications de cette science nouvelle sont étudiées dans le plus grand détail.

OUVRAGES EXPOSÉS

ANNALES DE L'OBSERVATOIRE DE PARIS, publiées par l'amiral *Mouchez*, directeur. MÉMOIRES, tome XIX; 1890. . . . . 27 fr.

SPÉCIMEN n° 4 : page de formules simples.

ANNALES DE L'OBSERVATOIRE DE NICE, publiées par M. *Perrotin*, directeur (fondation R. Bischoffsheim). Tome II, avec 7 belles planches. 1887. . . . . 30 fr. Tome III, avec un atlas de 17 belles planches en taille-douce (Spectre solaire de M. Thollon). 1890. . 40 fr.

Spécimen n° 6 : Une planche de l'atlas du tome III.

BUREAU INTERNATIONAL DES POIDS ET MESURES. — Travaux et Mémoires, tome VII. 1890. 30 fr. Sept volumes parus (1881-1890).

Spécimens n°s 1 et 2 : figures d'appareils. — Spécimen n° 5 : planche (Balance de Ruprecht).

DELIGNE (A.). — Notions complémentaires de mathématiques. — 2 volumes in-8, 1887 . . . . 14 fr.

ENDRÈS (E.), Inspecteur général honoraire des ponts et chaussées. — Manuel du conducteur des ponts et chaussées. 7e édition. — 3 vol. in-8 (1884-1888). 27 fr.

FERMAT. — Œuvres de Fermat, publiées sous les auspices du ministère de l'Instruction publique. In-4 avec 3 planches en photoglyptographie. . . (*Sous presse.*)

Spécimen n° 8 : planche (manuscrit de Fermat).

FOURIER. — Œuvres de Fourier, publiées par M. *Gaston Darboux*, sous les auspices du ministère de l'Instruction publique. 2 volumes in-4, avec portrait de Fourier (1888-1890). Chaque volume. . . . . . 25 fr.

GIRARD (Aimé). — Recherches sur la culture de la pomme de terre industrielle. Grand in-8, avec atlas de 6 planches en héliogravure. 1889. . . . . . . 8 fr.

Spécimen n° 7 : Une planche de l'atlas.

LAPLACE. — Œuvres complètes de Laplace, publiées sous les auspices de l'Académie des Sciences, par les Secrétaires perpétuels. In-4, sur papier vergé, au chiffre de Laplace. Tome VII. . . . . 35 fr.

Cet ouvrage comprendra 13 volumes. 7 volumes ont paru.

MASCART (E.). — TRAITÉ D'OPTIQUE. 2 volumes grand in-8. Tome Ier. 1889. . . . . 20 fr.

Le tome II, avec 3 planches en couleur. (*Sous presse.*)

POLLARD ET DUDEBOUT. — THÉORIE DU NAVIRE. 4 volumes grand in-8, avec nombreuses figures.

Tome Ier (1890) : 13 fr. — Tomes II, III, IV. (*Sous presse.*)

SPÉCIMENS n° 9 : page de titre; page de formules.

TISSERAND (F.). — TRAITÉ DE MÉCANIQUE CÉLESTE. In-4. Tome Ier. 1889. . . . . 25 fr.

Cet ouvrage formera 3 volumes.

SPÉCIMEN n° 3 : Une page de composition mathématique.

BIBLIOTHÈQUE PHOTOGRAPHIQUE. — 10 brochures sur les diverses branches de la photographie.

PUBLICATIONS PÉRIODIQUES. — Un numéro spécimen de chacune des publications périodiques suivantes :

Annales de la Faculté des sciences de Toulouse, Annales du Conservatoire des Arts et Métiers, Annales de l'Enseignement supérieur de Grenoble, Annales scientifiques de l'École normale supérieure, Bulletin astronomique, Bulletin de la Société française de photographie, Bulletin de la Société internationale des électriciens, Bulletin de la Société mathématique de France, Bulletin des Sciences mathématiques, Comptes rendus de l'Académie des Sciences, Journal de l'Ecole polytechnique, Journal de mathématiques, Journal de physique, Journal de l'Industrie photographique, l'Astronomie, Nouvelles Annales de mathématiques.

GRUEL & ENGELMANN

RELIURES D'ART, DE STYLE, DE GRAND LUXE
ET DE FANTAISIE

Rue Saint-Honoré 418, à Paris

Cette maison de reliure, une des plus anciennes de Paris, remonte à 1811 ; elle était alors dirigée par M. Desforges. En 1825, M. Gruel, gendre et successeur, la reprit jusqu'à sa mort, survenue en 1846. Sa veuve la continua seule avec succès et lui donna même des développements considérables, qui s'augmentèrent encore lors de son mariage avec M. J. Engelmann en 1850. Ce fut à partir de ce moment que la maison mit à jour ses premières éditions artistiques appropriées aux livres de prières liturgiques dont elle s'est créé la spécialité.

En 1875, Mme Engelmann, devenue veuve, s'adjoignit ses deux fils : M. Léon Gruel, issu du premier lit, qui était dans la maison depuis dix-huit ans et dirigeait la partie technique de la reliure ; et M. Edmond Engelmann, fils aîné du second mariage, que son père avait, depuis plusieurs années déjà, initié à la partie artistique.

Au point de vue de la reliure, la maison peut être considérée comme le berceau de l'art moderne, qu'elle exerce depuis près de quatre-vingts ans. C'est ainsi qu'elle a vu sortir de chez elle et s'établir avec succès : Marius Michel, Thouvenin, Gaillard, Thibaron, Chambolle, successeur de Duru, Bernard David, A. Motte, successeur de Trautz-Bauzonnet, et Joly.

Aux Expositions universelles, la maison Gruel et Engelmann a toujours obtenu les plus hautes récompenses : Paris 1849 et Londres 1851, première médaille ; — Paris 1855, médaille d'argent ; — Londres 1862, première médaille ; — Paris 1867, médaille d'argent ; — Paris 1878, médaille d'or ; — Melbourne 1888, médaille de premier mérite. — La maison n'a pas concouru en 1889.

RELIURES EXPOSÉES

Album de Photographies. Reliure en maroquin brun, chiffre en mosaïque de couleur exécuté au filet.

Imitation de Jésus-Christ. Reliure en maroquin olive, dorée en or et en platine, style Henri II.

GRUEL. — *L'Amateur de reliures*, sur Japon. Reliure monastique en demi-veau, avec coins, fers à froid.

GRUEL. — *L'Amateur de reliures*, sur Japon. Rel. en mar. brun, compart. de mosaïque de couleur, style Grolier.

Œuvres de Boileau, 1674. Reliure en maroquin rouge, à petits fers, style Louis XIV.

Songe de Poliphile, 1600. Reliure en maroquin vert, compartiments et petits fers, style Le Gascon.

Liber Hymnorum, 1500. Reliure en maroquin rouge, compartiments et petits fers, style François Ier.

Salutis Monumenta, 1571. Reliure en maroquin rouge, dorure au fer pointillé.

Vie de Saincte Marguerite. Reliure maroquin Lavallière, compartiments à froid et en or.

Heures. Rel. mar. olive, compartim., semé de chiffres.

Le Messagier de tout bien. Reliure en maroquin rouge, compartiments de mosaïque noire, à petits fers.

Emblèmes d'Alciat, 1536. Reliure en maroquin brun, avec Salamandre et petits fers.

Petites Heures. Reliure maroquin brun, décoration au filet, style Henri II.

Petites Heures. Reliure maroquin rouge, dentelle dix-huitième siècle, à petits fers.

Paroissien Elzévir. Reliure en veau ciselé, ramolayé au burin, style Gothique.

Petit Paroissien. Reliure en veau ciselé, ramolayé au burin, style Renaissance.

GUSTAVE GUÉRIN & CIE

ÉDITEURS

Rue des Boulangers, 22, à Paris.

La maison GUÉRIN a débuté en 1875 par des publications artistiques qui la firent de suite remarquer.

Encouragée par l'accueil du public, elle résolut d'aborder l'édition classique et de demander le succès au FINI DE L'EXÉCUTION, s'attachant à ne livrer au public que des œuvres irréprochables au double point de vue artistique et technique, tout en ne s'écartant pas des prix modiques que les ouvrages de ce genre ne doivent jamais dépasser.

Nous ne croyons pas qu'il soit possible de faire mieux que ses ATLAS DE GÉOGRAPHIE PAULY ET HAUSERMANN ; ce sont de petites merveilles de gravure, nettes, claires, précises, complètes, absolument exactes, mises au courant des conquêtes de la géographie moderne.

Ce qu'elle a fait pour la géographie, en général, elle l'a réalisé avec plus de détails encore pour l'étude de la France, en consacrant une carte spéciale complète à CHACUN DE NOS DÉPARTEMENTS.

De nombreuses médailles obtenues à des expositions régionales avaient déjà récompensé ses efforts, quand l'Exposition universelle de 1889 vint consacrer son succès par une médaille d'argent que lui valait sa *Méthode de Géographie*, bien qu'elle ne fût pas encore terminée.

Mais la maison GUÉRIN ET Cie a maintenant son catalogue. Nous ne pouvons le reproduire en entier ; il faut choisir.

Bornons-nous à citer : sa *Méthode de dessin*, par Jeanneney ; son *Histoire de France* ; ses *Jeudis de M. Roger*, petit cours de lecture où les enfants de nos écoles primaires prennent en se jouant des clartés de tout.

En voilà certes plus qu'il n'en faut pour expliquer la place qu'elle s'est faite dans l'édition classique : elle compte maintenant parmi les meilleures.

OUVRAGES EXPOSÉS

Nouvelle méthode de Géographie et de Cartographie, de MM. Pauly et Hausermann, composée de :

Atlas primaire (cours élémentaire) . . . . . . » fr. 70
Atlas primaire (c. moyen). 1re *année de géogr.* . 1 fr. 50
La France et ses Colonies (c. sup.), 2e *ann. de géog.* 2 fr. 10
Le Monde moins la France (c. sup.) 3e *ann. de géog.* 2 fr. 10
Les deux Atlas réunis : *Atlas universel*. . . . . 4 fr. 20
Le même, en 12 *Cahiers Atlas*, le cahier . . . . » fr. 30
12 Cahiers muets correspondant, le cahier. . . » fr. 10

Le Cours *préparatoire* de la méthode est en tirage.

Atlas de Géographie in-folio, cart., par G. Pauly.

Atlas de la France, 17 cartes . . . . 3 fr. 75
Petit Atlas général, 10 cartes . . . . 2 fr. 50
La Terre moins la France, 19 cartes . . . . . 3 fr. 25
Grand Atlas général, 36 cartes. . . . . 7 fr. »
Bassins et voies navigables, 7 cartes . . . . . 1 fr. 90
Les cinq parties du Monde, 7 cartes. . . . . 1 fr. 90
L'Europe, atlas d'étude, 11 cartes. . . . . . 2 fr. 15

Notices géographiques départementales, gravées sous la direction de R. Hausermann et tirées en chromolithographie, 7 couleurs.

Enseignement du dessin : *Le Dessin*, cours rationnel et progressif, à l'usage des écoles primaires élémentaires et supérieures, des écoles normales et des lycées et collèges, par V. Jeanneney, professeur de 1re classe.

Cahiers d'exercices. *Degré préparatoire :* cahiers A, B, C, D. *Degré élémentaire :* cahiers 1, 2, 3 et 4. *Degré moyen :* cahiers 5, 6, 7 et 8. *Degré supérieur :* cahiers 9, 10, 11 et 12. Prix du cahier . . . . » fr. 05

Livre du Maître (2e édition). *Principes et Applications*. 1 vol. in-8° de 244 p., 400 fig. dans le texte. Br. 5 fr. »

LIBRAIRIE HACHETTE & CIE

Notre Librairie, qui était à l'origine (1826) une Librairie purement classique, s'est transformée ensuite par l'adjonction à notre catalogue de toute une série de publications embrassant la *Littérature générale*, les *Connaissances utiles*, et les *Publications de grand luxe illustrées*.

Nous donnons ci-après les titres des principales divisions de notre Catalogue, et nous noterons seulement, pour donner une idée de la production de notre Librairie, que près de 2 000 ouvrages y ont été publiés dans les dix dernières années, et que l'ensemble de nos publications forme un total de plus de 5 600 volumes. Savoir :

ÉDUCATION ET ENSEIGNEMENT. — 2 200

Pédagogie. — Enseignement primaire. — Enseignement spécial. — Enseignement secondaire des jeunes filles. — Enseignement secondaire classique.

LITTÉRATURE GÉNÉRALE, OUVRAGES ILLUSTRÉS Et Éditions de grand luxe. — 3 400

Grands Écrivains de la France. — Publications littéraires, historiques, scientifiques, FORMAT in-8. — *Grands Dictionnaires. — Collection de Voyages. — Bibliothèque variée et collections diverses,* FORMAT in-16. — *Éditions populaires. — Histoire universelle. — Guides et Itinéraires pour les Voyageurs. — Ouvrages pour l'Enfance, et la Jeunesse. — Publications illustrées et Éditions de grand luxe.*

SPÉCIMENS EXPOSÉS

CONTENUS DANS QUATRE ALBUMS

I. — ÉDITIONS DE GRAND LUXE

LAMARTINE. *Œuvres poétiques.* In-18.
SAINT-SIMON. *Mémoires.* In-4.
MUNTZ. *Histoire de l'Art pendant la Renaissance.* In-8.
ABOUT. *Tolla.* In-4.
BOILEAU. *Œuvres poétiques.* In-4.
SCHRADER. *Atlas de Géographie moderne.* In-folio.
GOURDAULT. *L'Italie.* In-folio.
MISTRAL. *Mireille.* In-4.
BOSSUET. *Les Saints Évangiles.* In-folio.

II. — LITTÉRATURE GÉNÉRALE

FORMATS IN-16, IN-8 ET IN-4

JOANNE. *Géographie de la Seine.* Géograph. départem.
— *Belgique.* Guides-diamant.
— *Le Nord.* Guides in-16.
HOWELLS. *La Fortune de Silas Lapham.* Rom. étrang.
BARINE (A.). *Portraits de Femmes.* Bibliothèque variée.
LECLERCQ. *Voyage au Mexique.* Nouv. coll. de Voyages.
SAINT-ALBIN. *Les Courses en France.* Bibl. du Sport.
LA FONTAINE. *Œuvres.* Les grands Écriv. de la France.
BARRAL ET SAGNIER. *Dictionnaire d'Agriculture.*
WURTZ. *Dictionnaire de Chimie.*
BAILLON. *Histoire des Plantes.*
RECLUS (É.). *Géographie universelle.*
RECLUS (O.). *La France et ses Colonies.*
LITTRÉ. *Dictionnaire de la Langue française.*

JOANNE. *Dictionnaire de la France.*
BAILLON. *Dictionnaire de Botanique.*
VIVIEN DE S.-MARTIN. *Dictionnaire de Géographie.*
DAREMBERG ET SAGLIO. *Dictionnaire des Antiquités.*

OUVRAGES POUR L'ENFANCE ET LA JEUNESSE

FORMATS IN-16, IN-8 ET IN-4

RIANT. *L'Alcool et le Tabac.* Petite bibliothèque illustrée.
DE WITT. *A travers Pays.* Petite Biblioth. de la Famille.
SURVILLE. *Les Grandes Vacances.* Bibl. des Petits Enf.
FLEURIOT. *Parisiens et Montagnards.* Bibliothèque rose.
MAINDRON. *Les Papillons.* Bibliothèque des Merveilles.
GUILLEMIN. *Les Machines à vapeur.* Littérature popul.
FIGUIER. *Les Races humaines.* Vulgarisat. des Sciences.
GIRARDIN. *Le Capitaine Bassinoire.* Bibl. de la Jeunesse.
DELON. *Cent Récits d'Histoire naturelle.*

PUBLICATIONS PÉRIODIQUES

FORMATS IN-8 ET IN-4

Le Tour du Monde. — Le Journal de la Jeunesse. — Manuel général de l'Enseignement primaire. — L'Ami de l'Enfance. — Mon Journal.

III — ÉDUCATION ET ENSEIGNEMENT

FORMATS IN-16, IN-8 ET IN-4

RÉGIMBEAU. *Syllabaire.*
JOST ET HUMBERT. *Lectures pratiques.*
LITTRÉ ET BEAUJEAN. *Petit Dictionnaire universel.*
BRACHET ET DUSSOUCHET. *Cours de Grammaire française.* Cours d'enseignement primaire.
SAFFRAY. *Éléments des Sciences physiques.* Idem.

D'HENRIET. *Le Dessin des Petits Enfants.*
LEMONNIER ET SCHRADER. *Cours de Géographie.*
NOUVELLE COLLECTION DE TEXTES CLASSIQUES.
Voltaire.— Virgile.— Démosthènes.— Lessing.— Dickens.
BRACHET ET DUSSOUCHET. *Grammaire complète.*
MANGIN. *Botanique élémentaire.* Enseignement spécial.
— *Anatomie et physiologie végétales.* Enseignement classique.
DUCOUDRAY. *Histoire nationale.* Enseign. des J. Filles.
DURUY. *Histoire de France.* Histoire universelle.
— *Histoire de l'Orient.* Cours d'histoire des Lycées.
GANOT ET MANEUVRIER. *Cours de Physique.*
BRÉAL ET PERSON. *Grammaire latine.*
TITE LIVE. *Histoires.* Traduction juxtalinéaire.
DÉMOSTHÈNES. *Philippiques.* —
BOSSERT ET BECK. *Les Mots allemands.*
PICHOT. *Traité élémentaire de Cosmographie.*
PERRIER. *Anatomie et Physiologie animales.*
TOURNIER. *Premiers éléments de Grammaire grecque.*
HORACE. *Art poétique.* Éditions savantes.
HOMÈRE. *Iliade.* —
GŒTHE. *Gœtz de Berlichingen.* —
LITTRÉ-BEAUJEAN. *Abrégé du Dictionnaire de la langue française.*
QUICHERAT. *Dictionnaire latin-français.*
BAILLY. *Dictionnaire grec-français.*
BIBLIOTHÈQUE DES ÉCOLES ET DES FAMILLES.
— *Spécimens des divers formats.*
BOISSIER. *Mme de Sévigné.* Grands Écrivains français.

IV. — SPÉCIMENS DE COUVERTURES

A. HENNUYER

IMPRIMEUR-ÉDITEUR

Imprimerie : rue Darcet, 7.— Librairie : rue Laffitte, 47.

Cet établissement, qui compte parmi les plus anciennes maisons dont le nom se soit conservé dans l'industrie du livre à Paris, fut d'abord une imprimerie. Son fondateur, M. HENNUYER père, qui la dirigea avec succès de 1843 à 1863, s'adjoignit ensuite comme associé son fils, le titulaire actuel, auquel il céda son établissement en 1869.

Imprimeur seulement jusqu'en 1874, M. Alexandre HENNUYER ajouta à cette époque la qualité d'éditeur à celle de typographe et créa sa maison de librairie, qui est particulièrement consacrée aux ouvrages d'éducation, de récréation et de vulgarisation. A ce titre, elle comprend, outre un périodique, le *Magasin des Demoiselles*, fondé en 1844, des romans, des voyages, et la science n'y est pas plus oubliée que la musique. Cette dernière est représentée, au point de vue récréatif, par une collection bien connue d'opérettes, écrites spécialement pour les familles et les institutions de jeunes filles.

Les publications illustrées qui sont sorties de la maison et de ses presses attestent les efforts persévérants qui ont été faits pour développer, chez la jeunesse, le goût de lectures à la fois attrayantes et moralisatrices, sans négliger le côté artistique, confié à nos meilleurs artistes.

L'importante collection de la *Bibliothèque ethnologique*, dirigée par MM. A. DE QUATREFAGES et E.-T. HAMY, membres de l'Institut, et entreprise par M. HENNUYER, ainsi que le *Dictionnaire populaire illustré d'histoire naturelle*, de M. J. PIZZETTA, montrent le développement que prend cette maison pour les publications scientifiques.

Les récompenses obtenues par cette maison aux diverses expositions françaises et étrangères auxquelles elle a pris part témoignent du soin apporté à ses publications.

OBJETS EXPOSÉS

Tableau des divers types des races humaines reproduits en gravure sur bois d'après des photographies du Muséum.

Ces gravures sont extraites de l'*Introduction à l'étude des races humaines*, par M. A. DE QUATREFAGES, membre de l'Institut, professeur au Muséum d'histoire naturelle.

Tableau représentant les divers procédés graphiques employés pour l'illustration du livre. Les gravures sont extraites des ouvrages exposés désignés ci-après :

Les Exploits d'un Arlequin et *le Retour d'Arlequin*, par Raoul de NAJAC.

Dessins de Lix : photogravure d'après dessin à la plume et reproduction d'une aquarelle par la photogravure.

Les Mémorables Aventures du Dr Quiès, par P. CÉLIÈRES.

Dessins de Lix : photogravures d'après dessin sur papier procédé.

Paris, promenades dans les vingt arrondissements, et *Tout autour de Paris*, promenades et excursions dans le département de la Seine, par ALEXIS MARTIN.

Dessins de Boutigny, Gœneutte, Geoffroy et Merwart : gravures sur bois de divers genres.

Reproduction d'un plan en relief d'après une planche gravée sur pierre lithographique par E. Morieu, et d'une vue panoramique de A. Deroy, d'après un dessin sur papier procédé.

Plantes et Bêtes. Causeries familières, par J. PIZZETTA.

Dessins de Jobin ; reproduction d'après gravure en taille-douce.

Les Aventures de Tom Sawyer, de Mark Twain, par HUGHES.

Procédé Comte : dessins faits directement sur plaque.

Dictionnaire populaire d'histoire naturelle, par PIZZETTA.

La Leçon de chant, opérette en un acte de E. ADENIS.

Spécimens de couvertures et titres d'ouvrages.

LIBRAIRIE J. HETZEL & CIE

Rue Jacob, 18, à Paris.

La Librairie HETZEL est surtout connue par ses publications illustrées destinées à la jeunesse.

A une époque où, en France, il n'existait encore que bien peu d'œuvres pour la jeunesse, dignes de ce nom, elle publia le *Magasin* et la *Bibliothèque d'Éducation et de Récréation* et inaugura ainsi un genre nouveau qui devait depuis trouver de nombreux imitateurs. Le fondateur de la Maison, sous le pseudonyme de P.-J. Stahl, s'employa lui-même activement à cette œuvre dont il ne cessa d'être l'âme, et il eut le mérite de décider de véritables lettrés à écrire pour les enfants. C'est dans le *Magasin d'Éducation* que se groupèrent Jean Macé, Jules Verne, Eugène Muller, Lucien Biart, André Laurie et tant d'autres qui ont, depuis vingt-cinq ans, entièrement renouvelé la littérature enfantine. C'est à P.-J. Stahl que l'on doit la publication de la célèbre série d'albums connue sous le titre de *Bibliothèque de Mademoiselle Lili.*

A ses débuts, il y a près de cinquante ans, la librairie Hetzel avait édité un grand nombre d'importants ouvrages, généralement sous la forme de publication en livraisons : l'*Histoire des Français*, par Th. Lavallée; *le Voyage où il vous plaira*, par A. de Musset et P.-J. Stahl; l'*Histoire parlementaire de la Révolution*, les *Romans* de George Sand, les *Œuvres* de Victor Hugo, la *Comédie humaine* de Balzac, etc., etc., illustrés par l'élite des artistes du temps : Meissonier, Gavarni, Grandville, Bertall et Tony Johannot; puis, le *Nouveau Magasin des Petits Enfants*, qui inaugura l'usage des vignettes tirées dans et avec le texte.

A la suite des évènements politiques de 1851, la Librairie HETZEL avait transporté son siège à Bruxelles jusqu'en 1859.

La librairie Hetzel a complété le cycle de ses publications par plusieurs collections nouvelles : la *Bibliothèque des jeunes Français*, la *Bibliothèque des Professions industrielles, commerciales et agricoles.*

OUVRAGES EXPOSÉS

Tableau de spécimens de frontispices et titres des publications illustrées pour la jeunesse.

Tableau de spécimens de frontispices et titres d'*Albums Stahl.*

Tableau de spécimens de publications diverses.

Spécimen des *Voyages extraordinaires* de JULES VERNE.

— de la *Vie de collège dans tous les pays*, d'ANDRÉ LAURIE.

— des Volumes de la *Bibliothèque d'Éducation et de Récréation.* In-8 et in-18.

— des volumes du *Magasin illustré d'Éducation et de Révolution* (Couronné par l'Académie française).

— des volumes de la *Petite Bibliothèque blanche.*

— des volumes de la *Bibliothèque des Jeunes Français.*

— des volumes de la *Bibliothèque des Professions industrielles, commerciales et agricoles.*

— des *Œuvres complètes* de VICTOR HUGO, édition définitive, in-8° et in-18.

— des *Œuvres d'Erckmann-Chatrian*, édition populaire illustrée.

— de la collection de *Romans* in-18.

— des *Albums-Stahl.*

L'ILLUSTRATION

Rue S.-Georges, 13, à Paris

Les dessins exposés par l'*Illustration* ont tous servi aux gravures qu'elle publie chaque semaine. Fondée en 1843, et dirigée aujourd'hui par M. Lucien Marc, qui, en 1886, succéda dans sa fonction à son père, M. A. Marc, l'*Illustration* fait appel, comme on le verra ci-dessous, pour la partie littéraire, aux plus éminents écrivains de notre temps et compte parmi ses collaborateurs artistiques : MM. Émile Bayard, le maître en fait d'illustrations ; Renouard, Adrien Marie, de Haenen, Caran d'Ache, et tant d'autres dont les noms sont trop connus et la valeur trop appréciée pour qu'il soit nécessaire de parler d'eux longuement.

L'*Illustration* est donc le plus ancien, le plus grand et le plus complet des journaux illustrés. Ses nombreux Suppléments en couleurs et les livraisons extraordinaires qui paraissent, notamment à l'occasion du Salon et de la Nouvelle Année, sont envoyés à tous les abonnés, sans exception, et représentent, à eux seuls, bien au-delà du prix de l'abonnement.

L'*Illustration* n'est pas seulement un journal d'art et d'actualité ; c'est encore une publication littéraire de premier ordre. Il suffit, pour s'en convaincre, de parcourir la liste des romans dont elle a eu la primeur dans ces dernières années et dont voici les principaux :

Numa Roumestan ; L'Immortel, par Alphonse Daudet ; *Steeple-Chase*, par Paul Bourget ; *Candidat*, par Jules Claretie ; *Zyte ; Mondaine*, par Hector Malot ; *La Comtesse Sarah ; La Grande Marnière ; Volonté ; Le Docteur Rameau ; L'Ame de Pierre*, par Georges Ohnet ; *Tante Aurélie ; La Bête noire ; L'Affaire Froideville ;* par André Theuriet ; *Montescourt ; Bouche close*, par Léon de Tinseau ; *Au Maroc*, par Pierre Loti ; *Comme dans la Vie*, par Albert Delpit; *Toute une Jeunesse*, par François Coppée; *Vicomtesse*, par L. Barracand.

L'*Illustration* publie en ce moment *le Coq basque*, roman nouveau par M. P. Perret, avec des illustrat. d'Ém. Bayard.

L'*Illustration*, qui vise à être un journal aussi varié que possible, publie chaque semaine un problème de *Science amusante*, et chaque quinzaine des gravures de mode dessinées par Sandoz d'après des modèles de nos premières couturières.

TARIF DES ABONNEMENTS

FRANCE, ALGÉRIE, TUNISIE

Un an, 36 fr. — Six mois, 18 fr. — Trois mois, 9 fr.

ÉTRANGER (*Union postale*)

Un an, 44 fr. — Six mois, 22 fr. — Trois mois, 11 fr.

On s'abonne dans tous les bureaux de poste. Un numéro spécimen est adressé à toute personne qui en fera la demande par lettre affranchie.

A côté de ses dessins, l'*Illustration* expose des spécimens de ces jolis *Programmes illustrés des Théâtres*, qu'elle a créés depuis quelque temps et dont le succès, dès le début, a été si vif qu'il en a été demandé immédiatement de tous les côtés, non seulement par les théâtres de la province et de l'étranger, mais aussi par les tournées qui s'organisent tous les ans à la fin de la saison théâtrale. C'est ainsi qu'il en a été tiré un nombre considérable pour la tournée de Coquelin en Amérique, la tournée de *Jeanne d'Arc* avec Sarah Bernhardt, la tournée des Variétés, de l'Odéon. Ce succès se comprend : d'un format des plus commodes, imprimés sur beau papier, ornés à la première page du portrait d'un des principaux interprètes de la pièce. Ces programmes sont non seulement un renseignement utile, mais encore comme un souvenir à conserver de la représentation à laquelle on vient d'assister.

D. JOUAUST

IMPRIMEUR-ÉDITEUR

LIBRAIRIE DES BIBLIOPHILES

Rue de Lille, 7, à Paris

Cette maison s'attache surtout à produire des livres qui soient en même temps de véritables objets d'art, et qu'on aime à conserver pour s'en faire honneur. Ces volumes se distinguent des publications ordinaires par l'élégance des caractères, par l'emploi des ornements typographiques destinés à marquer les divisions des ouvrages, et par la beauté et la solidité du papier, fabriqué à la forme.

Des livres exécutés dans ces conditions sont nécessairement d'un prix élevé; mais, pour rendre ce genre de publications accessible à tous, la maison Jouaust donne aussi des volumes qui, bien qu'imprimés avec le même soin que ses plus riches éditions, sont néanmoins cotés, grâce à un tirage plus étendu, aux mêmes prix que ceux de la librairie courante.

Dans ses propres publications, comme dans celles qu'elle exécute pour le compte d'autrui, la maison Jouaust sait donner à ses volumes, par la bonne disposition de la mise en page et par l'élégance des titres, un cachet particulier qui les fait toujours reconnaître par les amateurs de belle typographie. Elle s'est également acquis une juste renommée par la correction de tout ce qui sort de ses presses.

C'est elle aussi qui a ouvert la voie dans laquelle est entrée la publication des livres à gravures, et les nombreux ouvrages qu'elle a donnés en ce genre, toujours exécutés avec le concours des premiers artistes, lui ont valu une place à part dans la librairie française.

Honoré des plus hautes récompenses dans toutes les expositions universelles, françaises et étrangères, depuis 1867, M. Jouaust a été nommé chevalier de la Légion d'honneur en 1872, et promu officier en 1881.

OUVRAGES ET SPÉCIMENS EXPOSÉS

Théâtre de Molière; dessins de L. Leloir, grav. par Flameng. Pap. vergé de Hollande. 8 vol. in-8 rais. 240 fr.

Faust; dessins de J.-P. Laurens, gravés par Champollion. Mêmes conditions. 1 vol. . . . . 35 fr.

Imitation de Jésus-Christ; dessins de H. Lévy, gravés par Waltner. Ornements typographiques de Giacomelli. Mêmes conditions, 1 vol. . . . . 30 fr.

Les Filles du Feu; dessins d'Em. Adan, gravés par Le Rat. In-8 écu, vélin de Hollande 1 vol. de la Bibliothèque Artistique moderne. . . . . 25 fr.

Physiologie du goût; avec eaux-fortes de Lalauze dans le texte. In-8, papier vergé de Hollande. 2 vol. de la Petite Bibliothèque Artistique (In-16, 60 fr.) 100 fr.

Contes de La Fontaine; dessins hors texte d'Ed. de Beaumont, gravés par Boilvin. In-16, pap. vergé de Hollande. 2 vol. de la Petite Bibliothèque Artistique. . 35 fr.

Aminte; eaux-fortes et gravures sur bois dans le texte d'après Ranvier et Giacomelli. Cadres rouges. In-18 raisin, vélin de Hollande. Collection-Bijou. . 20 fr.

Nouvelle Bibliothèque Classique. In-16. Éditions de luxe à bon marché. Volumes à 3 fr., et, avec cartonnage d'amateur, 4 fr.

Pierre Schlemihl, dessins de Myrbach, reproduits en photogravure et dans le texte. In-8, papier vélin. 15 fr.

Poésies. Différents spécimens d'ouvrages en vers.

La Céramique instrumentale, — *Voyage en Grèce.* In-4 raisin. Impressions en caractères modernes.

Spécimen des ornements typographiques de différents styles, gravés pour la maison Jouaust.

JOUVET & CIE

ÉDITEURS

Furne, 1826-1860	Furne, Jouvet et Cie, 1865-1880
Furne et Cie, 1860-1865	Jouvet et Cie, 1880

Rue Palatine, 5, à Paris

Histoire, Haute littérature, Science vulgarisée, Industrie, Géographie, Voyages, Histoire naturelle, Enseignement primaire et secondaire, Pédagogie, Ouvrages d'éducation, Piété.

La Librairie Jouvet et Cie depuis sa fondation, en 1826, a toujours soigné l'exécution matérielle et artistique des ouvrages publiés par elle. Chacun connait les Éditions de bibliothèque, illustrées de gravures sur acier, des grands Classiques français, Corneille, Racine, Molière, Boileau, La Fontaine, Mme de Sévigné, Beaumarchais, La Bruyère, etc., etc.; les œuvres de A. Thiers, de Henri Martin, de Ernest Hamel, d'Augustin Challamel, d'Augustin Thierry, de Chateaubriand, de la *Géographie universelle* de Malte-Brun, de Buffon et de Lacépède, de Lamartine, de Walter Scott, de F. Cooper, des *Vierges de Raphaël*, etc., etc.; Raffet, les frères Johannot, Desenne, Rouargue, Horace Vernet, Traviès, Devéria, travaillèrent à cette collection qui renferme plus de 2 000 planches.

La Maison Jouvet et Cie est une des premières qui ait publié de grands ouvrages par livraisons à bon marché : le succès était dû à l'exécution et au nombre des gravures sur bois qui illustrent la série des éditions populaires destinées à la vulgarisation de l'Histoire, de la Science et de l'Industrie. Les principaux ouvrages publiés sous cette forme sont l'*Histoire de la Révolution française*, par A. Thiers ; les *Merveilles de la Science*, par L. Figuier, et le Supplément ; les *Merveilles de l'Industrie*, du même auteur, et enfin l'*Histoire de France populaire*, par Henri Martin.

Comme grande œuvre purement artistique, la Librairie

JOUVET ET Cie a publié l'*Histoire des Croisades*, par Michaud, de l'Académie française, illustrée de cent compositions, par Gustave Doré, le maître regretté.

Dans le domaine de la géographie, MM. JOUVET ET Cie sont les éditeurs de l'Atlas adopté par le Ministère de la Guerre pour l'École de Saint-Cyr. Ils ont publié en outre, pour accompagner cet atlas, une série de volumes de géographie technique, avec de nombreux croquis.

Une importante collection, au point de vue de l'intérêt et de l'utilité, est la *Bibliothèque instructive*. Trente-cinq volumes sont déjà parus et forment un musée des connaissances utiles dans tous les genres.

Des livres d'éducation proprement dits ont été dans cette librairie publiés en grand nombre et sous divers formats; parmi les auteurs on peut citer : A. Assollant, Elie Berthet, Edouard Laboulaye, C.-E. Matthis, Charles Canivet, Mme Charles Bigot, Jules Gourdault, etc., etc., lauréats de l'Académie française ; enfin, au point de vue pédagogique, au milieu de livres et d'atlas classiques pour l'Enseignement primaire et secondaire, on remarque une collection considérable de Récompenses scolaires ou Bons points (portraits, scènes historiques, monuments).

Au point de vue artistique, la Maison JOUVET ET Cie a traité tous les genres d'illustration et compte, en même temps que cent mille bois signés Philippoteaux, G. Doré, de Neuville, Meissonier, E. Bayard, Yan' Dargent, Clerget, Thorigny, etc., etc., des spécimens en nombre considérable de gravures sur acier, sur cuivre, sur pierre, ainsi qu'aux divers procédés d'héliogravure.

MM. JOUVET ET Cie ont été récompensés de la manière suivante aux diverses Expositions universelles auxquelles ils ont pris part :

Expositions de Paris, 1867, Médaille d'argent ; 1878, Rappel de Médaille d'argent ; Anvers, 1885, Médaille d'or;

Bruxelles, 1888, Médaille d'or; Barcelone, 1888, Médaille d'or; Paris, 1889, Médaille d'or.

LIVRES EXPOSÉS

MICHAUD. *Histoire des Croisades*, illustrée de 100 grandes compositions par Gustave Doré. 2 vol. in-folio, 25 ex. sur chine (dans deux cartons). . . . . 500 fr.

1 seul exemplaire sur peau de vélin.

SAHIB. *La Marine, croquis humoristiques. Marins et Navires anciens et modernes.* 1 vol. in-4, 200 gr. dans le texte, et 8 aquarelles hors texte. 45 ex. sur pap. du Japon. 50 fr.

LABOULAYE. *Derniers Contes bleus.* 1 vol. in-8 raisin, 149 dessins par H. Pille et H. Scott, et 10 eaux-fortes hors texte, dessinées par H. Pille; portrait de l'auteur gravé sur acier. 50 ex. sur papier du Japon. . 100 fr.

BOILEAU. *Œuvres.* Édition précédée d'une Notice sur Boileau, par C.-A. Sainte-Beuve, de l'Académie française, tirée à 110 ex. sur vergé, 7 grav. sur chine. . 30 fr.

DEMOUSTIER. *Lettres à Émilie sur la Mythologie.* Édition de luxe, tirée à 110 exempl. sur papier vergé, ornée de 13 gr. sur acier, impr. sur chine; 1 v. 30 fr.

GOURDAULT (J.). *De Paris à Paris à travers les deux mondes (Capitales et grandes villes).* 1 vol. in 8 jésus, 57 grav. 25 ex. sur papier du Japon. . . 25 fr.

DRIOUX (Abbé). *Les Fêtes chrétiennes.* 1 vol. gr. in-8, 4 chromolit., 31 grav. sur acier, tirées en bistre, 40 compositions sur bois, hors texte, imprimées en couleur, têtes de pages, lettres ornées et culs-de-lampe. . 30 fr.

MATTHIS (C.-E.). *Les deux Gaspards.* 1 vol. in-4 écu, 33 compositions par C.-E. Matthis. 50 ex. sur papier du Japon . . . . 25 fr.

CHRISTIAN. *Histoire de la Magie, du Monde surnaturel et de la Fatalité* à travers les temps et les peuples. 1 vol. gr. in-8, ill. par M. Emile Bayard. 10 ex. sur chine. 25 fr.

QUESNOY (Dr). *L'Armée d'Afrique*, depuis la conquête d'Alger. 1 vol. in-16, 46 grav. et 1 carte. 100 exempl. sur papier du Japon . . . . 10 fr.

LANGALERIE (G. de). *Guide pratique de l'enseignement topographique dans les corps de troupe au point de vue de la guerre.* 1 v. in-16, 50 fig. Cart. à l'angl. 2 fr. 50

MARTIN (Henri). *Histoire de France populaire, depuis les temps les plus reculés jusqu'à nos jours.* 1 725 grav. dessinées par Philippoteaux, Bayard, de Neuville, Thorigny, Clerget, etc. 7 vol. grand in-8 . . . . . 56 fr.

FIGUIER (Louis). *Supplément aux Merveilles de la Science*, ou *Description des Inventions scientifiques depuis* 1870. 2 vol. gr. in-8 jésus, 1 000 grav. . 20 fr.

— *Les Merveilles de l'Industrie*, ou *Description populaire des procédés industriels*, depuis les temps les plus reculés jusqu'à nos jours. 4 v. gr in-8 jésus, 1 380 gr. 40 fr.

Atlas de Géographie militaire, adopté par M. le Ministre de la guerre pour l'École spéciale militaire de Saint-Cyr. Nouv. édit., contenant 42 cartes imprimées en plusieurs couleurs, et publiée sous la direction des professeurs de l'École. Prix, cartonné . . . . 42 fr.

BAUBEAU et HATAT. *Arithmétique à l'usage des écoles primaires*, conforme aux derniers programmes officiels.

Première partie : *Cours élémentaire* (de 7 à 9 ans). 1 vol. in-16 orné de fig. Prix, cartonn. classique. 70 c.

Deuxième partie : *Cours moyen*, conduisant au certificat d'études primaires. 1 vol. in-16 orné de figures. Cartonnage classique. . . . . 1 fr. 50

Exercices d'arithmétique (Cours élémentaire). — Livre du maître. Cartonné . . . . 70 c.

Exercices d'arithmétique (Cours moyen). Livre du maître. Cartonné . . . . 1 fr. 50

A. LAHURE

IMPRIMEUR-ÉDITEUR

Paris, rue de Fleurus, 9, à Paris

Paris, Exposition universelle 1878, médaille d'or. — Bordeaux, 1882, diplôme d'honneur. — Paris, Exposition de l'Union Centrale des Arts décoratifs, 1882, grand prix du Livre. — Amsterdam, 1883, médaille d'or. — Anvers, 1885, médaille d'or. — Melbourne 1888, médaille de 1er mérite. — Paris, Expos. universelle 1889, grand prix.

La Société de l'IMPRIMERIE GÉNÉRALE (imprimeries Ch. Lahure et Simon Raçon réunies) possède tous les services nécessaires à l'exploitation d'une grande imprimerie.

Le **Personnel** occupé par l'imprimerie Lahure compte de cinq à six cents personnes, réparties en trois services principaux (composition, tirage, brochage) et plusieurs autres services accessoires.

Depuis 1878 fonctionnent deux **Écoles professionnelles**, l'une de garçons, l'autre de filles.

La Société de **Secours mutuels** organisée en 1880 a, depuis dix ans, distribué plus de 100,000 francs de secours.

La **Caisse de retraites**, fondée en 1880, alimentée par les bénéfices de la maison, sert déjà 720 francs de pension.

Le **Matériel** de composition est peut-être le plus complet qui existe en France. Le poids des caractères est de plus d'un million de kilogrammes.

Les **Presses mécaniques**, la plupart d'un très grand format et à retiration, sont au nombre de 40. Les machines à deux couleurs sont au nombre de 5. Le matériel du tirage est complété par 23 presses à bras et des pédales.

L'imprimerie Lahure compte parmi ses clients les principaux éditeurs de Paris, les bibliophiles, les maisons de banque, les grands magasins de nouveautés, etc., etc.

LIVRES EXPOSÉS

Le Conte de l'Archer, par ARMAND SILVESTRE. 1 volume in-8, illustré de 46 aquarelles de Poirson. . . 25 fr.

La Matrone du pays de Soung. 1 volume in-8, illustré d'aquarelles de Poirson. . . . . 25 fr.

Le Voyage de Paris à Saint-Cloud, par NÉEL. 1 volume in-8, illustré d'aquarelles de Jeanniot. . . . 25 fr.

M. le Hulan, par P. DÉROULÈDE. 1 album en couleurs, in-4 raisin, illustré d'aquarelles de P. Kauffmann. 5 fr.

Le Whist à trois ou Mort, par CH. LAHURE. 1 vol. in-8 anglais, contenant les règles, la manière de jouer, la marque et 122 ex. figurés par des cartes en rouge et noir. 6 fr.

L'Écarté, par ÉMILE DORMOY. In-8 anglais, contenant les règles, la manière de jouer, la marque et de nombreux exemples figurés par des cartes en rouge et noir. 6 fr.

L'Histoire de France en cent tableaux, par PAUL LEHUGEUR, professeur d'histoire au lycée Henri IV, illustrée de 490 gravures, relié. . . . . 10 fr.

Le Brésil, par E. LEVASSEUR, membre de l'Institut, avec la collaboration de MM. de Rio-Branco, Eduardo Prado, d'Ourem, Henri Gorceix, Paul Maury, E. Trouessart et Zaborowski, illustré de gravures, cartes, graphiques, accompagné d'un Album de vues du Brésil, exécuté sous la direction de M. de Rio-Branco. . . . . . 25 fr.

Annuaire des Commerçants (Annuaire Lahure). Indicateur des Fabricants, Marchands en gros et au détail, Commissionnaires en marchandises, Entrepreneurs, Officiers ministériels, Cafés, Hôtels, etc., de Paris, de la Seine, de Seine-et-Oise, de Seine-et-Marne, de l'Oise, et des principales maisons recommandées de France et de l'Étranger, contenant 300,000 adresses. Cart. . 5 fr.

PAPETERIE COOPÉRATIVE D'ANGOULÊME

MAISON LAROCHE-JOUBERT & CIE

FABRICANTS DE PAPIER

Angoulême (Charente). — Paris, avenue Victoria, 22

La Maison Laroche-Joubert et Cie est une des plus anciennes de la Charente; elle avait acquis, dans la fabrication des papiers à la main, une grande réputation.

Elle a, suivant en cela l'exemple de la plupart de ses confrères, transformé en 1840-42 son outillage à la forme, en outillage à la mécanique.

Ses produits nouveaux n'ont pas tardé à jouir de la même réputation que ceux qu'elle fabriquait autrefois avec l'ancien outillage.

Les récompenses qu'elle a reçues depuis lors sans interruption attestent la continuité et le succès de ses efforts pour maintenir sa situation dans la fabrication du papier. Elle a obtenu des médailles de première classe partout où elle a exposé, et notamment :

En 1855, à Paris;

En 1862, à Londres;

En 1867, elle n'a pas exposé;

En 1878, elle était hors concours, son chef faisant partie du Jury;

En 1889, elle a obtenu un des trois grands prix attribués à la papeterie française.

Son personnel est associé à ses bénéfices par les liens, rendus de plus en plus étroits, de la participation aux bénéfices largement appliquée; son organisation coopérative lui a valu :

En 1878, un diplôme d'honneur;

En 1889, une médaille d'or.

Cinq de ses collaborateurs ont reçu des médailles d'argent et de bronze en 1889.

Elle fabrique principalement les papiers à lettres et de commerce de qualité supérieure, les vélins et les vergés genre « Angoulême ».

Elle fabrique aussi avec un soin tout particulier des papiers à registres fins et surfins;

Des papiers écoliers;

Des parchemins pour correspondance et pour titres avec ou sans filigranes;

Des papiers à lettres genre anglais;

Des papiers d'impression pour travaux courants.

Elle façonne elle-même ses produits dans de vastes ateliers situés à Angoulême et munis de l'outillage le plus perfectionné.

Elle a plusieurs dépôts tant en France qu'à l'étranger.

A Paris, son dépôt, qui est encore pour quelques mois avenue Victoria, 22, va être transféré, à partir du 1er octobre, rue des Archives, 11.

A Londres, sa succursale est Purfleet Wharf, Upper Thames Street, dans la Cité.

Les besoins de sa clientèle sont assurés par la production de ses nombreuses usines, et notamment de celles de :

Angoulême, Lescalier, Nersac, Girac, l'Isle-d'Espagnac, Petit-Rochefort, etc.

Elle fait l'exportation directe sur une large échelle.

L'extension croissante de ses affaires l'a déterminée à construire à Basseau, près Angoulême, sur le fleuve la Charente, une nouvelle et importante usine, qui séra insstallée avec les derniers perfectionnements de la mécanique et de la chimie industrielles,

En dehors des produits habituels de la Maison Laroche-Joubert et Cie, l'usine de Basseau fabriquera des papiers pour l'édition, qui auront certainement auprès de MM. les éditeurs le même succès dont jouissent ses autres produits auprès de sa clientèle ordinaire.

IMPRIMERIE ET LIBRAIRIE LAROUSSE

HOLLIER-LAROUSSE & Cie

Rue Montparnasse, 15, 17, 19, Paris.

La maison Larousse a été fondée en 1851 par deux instituteurs, anciens élèves de l'École normale de Versailles, PIERRE-ATHANASE LAROUSSE et PIERRE-AUGUSTIN BOYER. Sous la raison sociale LAROUSSE ET BOYER, elle se signala immédiatement par la publication de la *Lexicologie des Écoles*, de P. Larousse, cours de langue française qui eut un succès considérable en Belgique, en Suisse et en France. Cet ouvrage fut le point de départ d'une série de livres classiques s'étendant à toutes les matières de l'enseignement primaire, et qui furent également bien accueillis.

En 1869, Pierre Larousse ayant dû acquérir une imprimerie pour se consacrer spécialement à la publication du *Grand Dictionnaire universel du XIXe siècle*, M. Boyer, resté seul à la tête de la librairie, s'adjoignit trois de ses neveux, et il y eut dès lors deux maisons distinctes : la LIBRAIRIE AUG. BOYER ET Cie, qui continua l'exploitation des ouvrages classiques et en édita de nouveaux; l'IMPRIMERIE LAROUSSE, qui devint, à la mort de l'auteur du *Grand Dictionnaire*, l'IMPRIMERIE Ve P. LAROUSSE ET Cie.

En 1885, M. Boyer se retira des affaires, et la Librairie se réunit à l'Imprimerie pour ne plus former, comme au début, qu'une seule maison. Enfin, par suite du décès de Mme Larousse (janvier 1890), la maison prit la raison sociale actuelle HOLLIER-LAROUSSE ET Cie. La société nouvelle se compose de cinq membres : MM. Hollier-Larousse, Émile Moreau, Georges Moreau, Claude Augé et Paul Gillou. Elle a son siège à Paris, 19, rue Montparnasse, où se trouvent réunies la maison d'édition, l'imprimerie et ses annexes (composition, clicherie, brochure, etc.) et la librairie. Une succursale pour la vente au détail est située au centre du quartier latin, rue des Écoles, 58, en face la nouvelle Sorbonne.

Depuis sa fondation, la maison n'a cessé de publier d'importants ouvrages, parmi lesquels il convient de citer : le *Grand Dictionnaire universel du XIXe siècle*, l'œuvre célèbre de Pierre Larousse ; le *Dictionnaire analogique*, par P. Boissière ; le *Dictionnaire des Opéras*, par Félix Clément et P. Larousse ; le *Dictionnaire d'Électricité et de Magnétisme*, par G. Dumont, et les *Annales d'électricité*, suite au Dictionnaire ; le *Dictionnaire complet de la langue française*, par P. Larousse ; etc. Mais c'est surtout par ses publications de livres classiques élémentaires que la maison Larousse se signale. On pourra se rendre compte du soin apporté à la composition et à l'exécution de ces ouvrages en examinant les quelques spécimens qui figurent à l'Exposition d'Anvers, et dont la nomenclature est donnée ci-contre.

Nouvelle Reliure parisienne (*Système breveté*). — La maison Larousse vient d'apporter un important perfectionnement dans la confection du livre scolaire destiné aux jeunes enfants. Pour donner satisfaction aux maîtres et aux familles, qui ne cessaient de déplorer la grande fragilité des livres de classe, la MAISON LAROUSSE a étudié et réalisé un nouveau *mode de reliure* qui joint à une extrême solidité un aspect très élégant. Une tentative du même genre faite aux États-Unis n'était qu'une solution incomplète du problème : le cartonnage américain donne un dos aplati, très disgracieux, et dont le développement exagéré rend difficile l'application du livre ouvert sur la table de travail.

NOTA. — *Les ouvrages marqués d'un astérisque offrent des spécimens de la* NOUVELLE RELIURE PARISIENNE.

OUVRAGES EXPOSÉS

GEORGES ET TRONCET. **Le Premier Livre encyclopédique.* 130 grav. Vol. in-12, cart. . . . . . . 50 cent.
— **Le Deuxième Livre encyclopédique.* 140 grav. In-12. Prix. 80 cent.
— *Le Troisième Livre encyclopédique.* 510 grav. In-12. Prix. 1 fr. 10

Le *Troisième Livre encyclopédique* présente, au point de vue technique, cet intérêt qu'il réunit des combinaisons typographiques extrêmement variées, ainsi que les principaux genres de vignettes dont on dispose pour orner le livre : marque d'imprimeur, frontispice, têtes de chapitre, culs-de-lampe, encadrements, modèles d'écriture et de dessin, autographe couverture illustrée, etc. La plupart des procédés connus de gravure en relief ont été mis à contribution pour l'exécution de ces nombreuses illustrations.

GRIMBLOT (L.). **Savoir et Devoir.* In-12, cart. 75 cent.

JURANVILLE (Cl.). *Le Premier Livre des petites filles.* 160 gr. de F. Régamey. Vol. in-12.. . . . . . 75 cent.
— *Le Deuxième Livre des petites filles.* 320 gr. In-12. 1 fr.
— *Le Savoir-faire et le Savoir-vivre.* 220 gr. In-12. 1 fr. 25

ESTIENNE ET DANIEL. **Premier Livre de Récitation.* 120 grav. In-12. . . . . 60 cent.
— **Second Livre de Récitation.* 150 gr. In-12 . 90 cent.

AUGÉ (Cl.). **Le Premier Livre de grammaire.* 150 grav. Vol. in-12, cart. . . . . 70 cent.

CHAUMEIL ET MOREAU. **Premier Livre d'arithmétique.* Vol. in-12, cart. . . . . 1 fr.
— *Deuxième Livre d'arithmétique.* In-12, cart. . . 2 fr.

AUGÉ (Cl.). *Le Livre de musique.* Vol. in-8°, illustré de 220 gravures. . . . . 1 fr. 50

Le *Livre de musique*, en dehors de sa valeur pédagogique, se recommande par l'agencement harmonieux des pages, où les portées musicales se combinent avec l'illustration pour former un tout homogène et bien pondéré. Un tel résultat n'a été possible que par la collaboration étroite de l'auteur et de l'éditeur.

DUMONT ET PHILIPPON. *Travaux manuels (Cours élémentaire et moyen).* 650 grav. Vol. in-8°, cart. . 2 fr. 50

DAUJAT ET DUMONT. *Travaux manuels. (Cours normal.)* 380 grav. Vol. in-8°, cart. . . . . 3 fr. 50

PÉCAUT ET BAUDE. *L'Art,* à l'usage de la jeunesse. Vol. in-8° anglais, en caractères elzéviriens; frontispice de M. L.-O. Merson, gravé par M. Ch. Baude; têtes de page, culs-de-lampe; 127 grav. Prix, broché. . 2 fr.

Dans cet ouvrage de vulgarisation, on s'est efforcé d'unir à l'intérêt pédagogique du texte la perfection typographique, la beauté de l'illustration et la modicité du prix de vente. La presse a salué cette tentative d'un concert d'éloges.

LAROUSSE (P.). *Dictionnaire complet illustré.* 2,500 gravures. Vol. in-18, cartonné.. . . . . 3 fr. 50

Le *Dictionnaire complet illustré,* de P. Larousse, en raison de la masse de matériaux qu'il renferme (texte et gravures) peut être considéré comme un des plus remarquables exemples du livre à bon marché. Au point de vue de l'histoire du Livre en France, il présente cet intérêt qu'il est le premier ouvrage de ce genre qu'on ait illustré. Cette innovation, due à M. Georges Moreau, date de l'année 1878. Depuis cette époque, les principaux éditeurs parisiens ont publié des dictionnaires manuels illustrés.

LAROUSSE (P.). *Encyclopédie des Faits contemporains* (2e suppl. au *Grand Dictionnaire*). Vol. in-4. . 55 fr.

La publication de ce *Supplément* a commencé vers la fin de l'année 1886 et a été terminée en mai 1890.

Ce vaste répertoire ne comprend pas moins de 25,000 articles réunis en un volume grand in-4° de 2,040 pages. Une seule et même fonte de caractères (six Virey) permettant d'établir cinq feuilles (160 colonnes), a suffi pour la composition des 17 volumes du *Grand Dictionnaire.*

TOM TIT. *La Science amusante.* Vol. in-8; 110 gr. 3 fr.

LIBRAIRIE VICTOR LECOFFRE

Rue Bonaparte, 90, à Paris.

L'origine de la librairie Lecoffre remonte à 1845. Son fondateur, Jacques Lecoffre, qui, depuis quelques années, était gérant de la librairie Perisse frères, de Paris, en fit alors l'acquisition.

Sa maison devint tout d'abord le siège du Comité qui, sous la direction des Montalembert, des Parisis, des Dupanloup, des Riancey, mena une si brillante campagne pour la défense de la liberté religieuse et de la liberté d'enseignement. Jacques Lecoffre entreprit dès lors un grand nombre de publications qui obtinrent du public le meilleur accueil : la *Théologie* du cardinal Gousset, les Classiques grecs et latins de Dübner, les Livres de chant de la Commission de Reims et de Cambrai, adoptés par vingt-deux diocèses; les Œuvres de Montalembert, Ozanam, Nettement, Hamon, Dussieux, etc., etc. Il termina sa carrière par l'acquisition, en 1865, de l'ancienne maison Perisse frères, de Lyon, fondée au dix-septième siècle : il mourut le 12 janvier 1866.

Sous la raison sociale LECOFFRE FILS ET Cie, de 1866 à 1879, et, à partir de cette époque, sous la désignation de LIBRAIRIE VICTOR LECOFFRE, la maison suivit la voie tracée par son fondateur. Aux auteurs anciens s'adjoignirent de nouveaux auteurs, parmi lesquels il suffira de citer MM. Gaillardin, Foisset, Gérin, Fouard, Périn, Paul Allard, Mgr Cecconi et Mgr Meignan.

Dans toutes ses publications, la librairie Lecoffre s'est efforcée de rester fidèle à sa devise : *Sois l'auxiliaire de la vérité.*

OUVRAGES EXPOSÉS

Atlas général, par L. DUSSIEUX. Nouvelle édit., contenant plus de 300 cartes et cartons. 1 vol. in-4, d.-rel. 35 fr.

Livres de Chant romain, publiés par la Commission de Reims et Cambrai :

Graduel et Antiphonaire. 2 volumes in-folio. 60 fr.

Graduel et Antiphonaire. 2 volumes in-12. 7 fr. 20

Accompagnement d'Orgue pour le Graduel et l'Antiphonaire romains, par MM. DIETSCH et TESSIER. 2 volumes in-4. . . . . 60 fr.

Tableaux synoptiques d'histoire étrangère : le Monde moins la France (395-1789), par M. A. MATIVET. 1 volume in-4, cartonné. . . . . 3 fr. 50

Joseph, Ruth, Tobie, texte grec, par H. CONGNET, édition revue par M. Tougard. 1 volume in-12, cart. 3 fr. 50

Horatii opera, par DUBNER. 1 vol. in-18, cart. 1 fr. 90

Recueil de Prières et Œuvres pies, enrichies d'indulgences, par M. l'abbé PLANCHARD, vicaire général d'Angoulême. 1 volume in-18 . . . . 3 fr.

Histoire des Persécutions pendant les trois premiers siècles, par M. PAUL ALLARD. 5 volumes in-8. . . . . 30 fr.

Histoire des Préliminaires du Concile du Vatican, par Mgr CECCONI, archevêque de Florence. 4 volumes grand in-8. . . . . 32 fr.

RELIURE ET MAROQUINERIE

A. LENÈGRE & Cie

Rue Bonaparte, 35 et 37.

La Maison de reliure A. Lenègre et Cie a été fondée à Paris, en 1840, par M. Lenègre père.

Son fils, qui dès 1866 commença à l'aider, prit, en 1871, la direction de la Maison. L'usine, trop à l'étroit, rue Bonaparte, fut transportée à Montrouge, rue Perrier, 11, où elle couvre un parallélogramme de quatre mille mètres, divisés en travées de dix mètres, orientées au Nord afin d'obtenir le plus de lumière et d'air possible. Afin de diminuer les chances d'incendie, la lumière électrique a été substituée au gaz.

Le personnel venu de Paris lors de la transformation était loin d'être suffisant; un premier essai d'apprentissage appliqué aux enfants du pays fut couronné de succès; on augmenta successivement ce recrutement.

Les premiers apprentis, devenus ouvriers, en formèrent d'autres, et aujourd'hui la Maison compte sur un personnel dévoué, laborieux, qui dépasse *trois cent cinquante* personnes, tant ouvriers qu'ouvrières.

Le nombre de volumes reliés s'élève à *plusieurs centaines de mille*, et plus de *quatre cent mille agendas* sortent annuellement de l'usine, parmi lesquels l'*Agenda-Buvard* du *Bon-Marché*, dont M. A. Lenègre est l'innovateur breveté.

PRODUITS EXPOSÉS

AGENDA DE BUREAU, un jour, toile chagrinée.
— deux jours, —
ALBUM TIMBRES-POSTE oblong (Édition Lenègre).
TOUR DU MONDE *en* 80 *jours*, in-12 (Éd. Hetzel).
Demi-maroquin du Levant écrasé, reliure fantaisie.

CINQ SEMAINES EN BALLON, in-12 (Éd. Hetzel). Maroquin plein du Levant.

MADELEINE, in-8 (Éd. Hetzel). Toile tirage or et noir.

L'ART ÉTRUSQUE, in-4 (Éd. F. Didot). Toile biseau, tirage couleurs, tête dorée.

EN DÉPLACEMENT, in-8 (Éd. Plon). Toile biseau, tirage couleurs, tête dorée.

ALBUM A VIS, breveté, permettant d'enlever et de remettre à son gré les bristols sur lesquels sont collées des photographies ; ce système offre encore l'avantage de pouvoir faire satiner les photographies après collage.

AGENDA-BUVARD breveté.

LA CHASSE A TIR, in-4 (Éd. Plon). Toile, tirage couleurs.

VIEILLES CHANSONS, in-4 (Éd. Plon). Toile fantaisie, tirage or et couleurs.

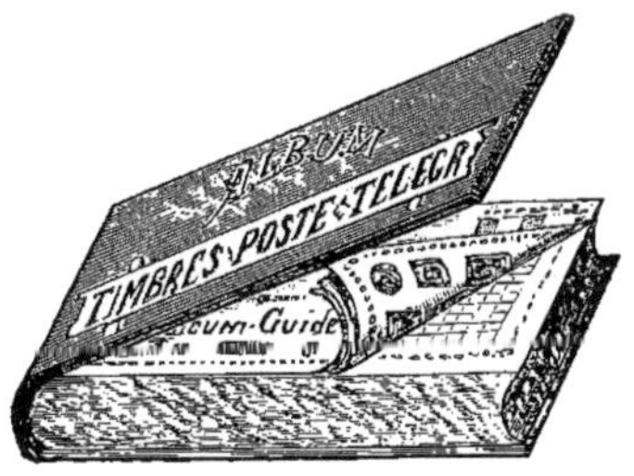

A. LE VASSEUR & CIE

LIBRAIRES-ÉDITEURS

ABEL PILON, 1851	A. LE VASSEUR, 1877
ABEL PILON ET Cie, 1875	A. LE VASSEUR ET Cie, 1886

Rue de Fleurus, 33, à Paris

Cette librairie a été fondée, en 1851, par M. ABEL PILON, qui inaugurait, pour les grands ouvrages de la *Librairie française* et les *Publications musicales*, son système de vente par payements mensuels.

En 1875, il s'adjoignait son gendre, M. AMAND LE VASSEUR, qui, à la mort de M. ABEL PILON, en 1877, prit seul la direction de la Librairie.

Le 1er janvier 1886, M. LE VASSEUR s'est associé M. LUCIEN LAYUS, sous la raison sociale actuelle : *A. Le Vasseur et Ce*.

En 1876, cette maison étend son système de vente aux estampes et publications artistiques.

En 1887, MM. A. Le Vasseur et Ce entreprennent l'édition en photogravure des tableaux des peintres modernes. De mai 1887 à mai 1890 ils ont publié 225 estampes de divers formats.

Les plus récentes publications de MM. A. Le Vasseur et Ce sont : 1878. *Les Tissus anciens*; — 1881. *L'Art national*; — 1884. *Œuvres complètes de Buffon*; — 1885. *Flore médicale*; — 1887. *Collection Bijou*; — 1888. *Dictionnaire d'histoire et géographie*, — *Œuvres de Chaplin*, — *Estampes militaires*; — 1889. *Autour du Drapeau*; — 1890. *Histoire d'un Régiment*.

SPÉCIMENS EXPOSÉS

Autour du Drapeau (1789-1889). *Campagnes de l'Armée française depuis cent ans*, par le Général Thoumas.

Deux cents illustrations tirées en teintes variées, d'après les dessins originaux de Lucien Sergent.

Un fort volume grand in-8 colombier de 540 pages, papier vélin . . . . 50 fr.

— Édition populaire. Tirage en noir. . . . . . 12 fr.

Nouveau Dictionnaire d'Histoire, de Géographie, de Mythologie et de Biographie, par A. Descubes. Deux forts vol. grand in-8, 3100 pages . . . . 25 fr.

L'Art national, par du Cleuziou. 2 vol. grand in-8 illustrés de 20 chromolithographies, 20 grandes gravures hors texte et 930 bois dans le texte, d'après les dessins de l'auteur.. . . . . 80 fr.

Œuvres complètes de Buffon. Nouvelle édition annotée par J.-L. de Lanessan, suivie de la correspondance de Buffon recueillie par Nadault de Buffon. 14 forts vol. gr. in-8 ornés de 160 planches gravées sur acier et coloriées à la main et de 9 portraits sur acier. . . . . . 200 fr.

Spécimens de tirages typographiques en couleurs, sujets militaires et d'histoire naturelle pour illustrations.

Hallali de cerf, photogravure d'après Tavernier. Tirage en couleurs à la poupée . . . . 40 fr.

L'Attaque imprévue, photogravure d'après Berne-Bellecour. Prix. . . . . 20 fr.

Combat de coqs en Flandre. — Le Sauvetage. — Danseuse vénitienne. 3 planches spécimens de la *Collection Bijou*. Chaque photogravure . . . . 1 fr.

FABRIQUE D'ENCRES D'IMPRIMERIE

CH. LORILLEUX & CIE

Rue Suger, 16, Paris.

Succursales à Milan, à Barcelone et à Madrid.

Maison fondée en 1818.

La maison Ch. Lorilleux et Cie, fondée à Paris, en 1818, est la plus ancienne, et certainement une des plus importantes fabriques d'encres d'imprimerie du monde entier. Il n'en est pas, dont les relations commerciales soient aussi étendues.

Elle possède aujourd'hui : 1° Une maison de commerce à Paris, rue Suger, 16; — 2° Trois maisons succursales, une à Milan, une à Barcelone et la troisième à Madrid; — 3° Deux usines aux portes de Paris : celle de Puteaux et celle de Nanterre, couvrant une superficie de plus de soixante mille mètres, et utilisant une force motrice de deux cent cinquante chevaux; — 4° Deux fabriques importantes à l'étranger, l'une en Italie, à Dergano, près de Milan; l'autre en Espagne, à Badalona, près de Barcelone, et deux fabriques secondaires, l'une à Lyon et l'autre à Madrid; — 5° Enfin, plus de quarante dépôts à l'étranger.

La maison Ch. Lorilleux a pris part à la plupart des Expositions universelles. Voici les récompenses qu'elle a obtenues à celles auxquelles elle a participé :

Paris, 1855, médaille de bronze; — Londres, 1862, première mention; — Paris, 1867, médaille d'argent; — Altona, 1869, médaille d'argent; — Vienne, 1873, médaille de progrès; — Paris, 1878, médaille d'or; — Melbourne, 1881, médaille de premier mérite; — Amsterdam, 1883, diplôme d'honneur; — Barcelone, 1888, médaille d'or; — Sidney, 1888, hors concours. — A l'Exposition universelle de 1889, elle était hors concours, M. Ch. Lorilleux, ayant été nommé membre du Jury.

A la suite de ces différentes expositions, M. Ch. Lorilleux a été nommé chevalier de l'Ordre de la Couronne d'Italie et commandeur de l'Ordre du Christ de Portugal, en 1878; chevalier de la Légion d'honneur, en 1881, et commandeur de l'Ordre d'Isabelle la Catholique, d'Espagne, en 1888. La Société d'Encouragement pour l'Industrie nationale vient de lui décerner récemment une médaille d'or pour l'ensemble de ses travaux.

Les principaux produits des usines de la maison Ch. Lorilleux et Cie sont : les noirs de fumée et les couleurs sèches pour tous les modes d'impression; — les vernis spéciaux pour la typographie, la lithographie, les relieurs; les vernis copal à l'alcool ou à l'essence; — les noirs et les couleurs broyés pour la lithographie; — les encres noires et les encres de couleur pour la typographie; — les encres spéciales pour la phototypie, pour l'impression des divers genres de gravure et pour les relieurs; — les encres d'impression dites de sûreté, pour les valeurs fiduciaires, les chèques, les timbres-poste, les billets de banque; les encres typographiques communicatives; — les encres à tampon; — les diverses pâtes pour rouleaux typographiques, etc., etc.

Depuis vingt ans, les procédés graphiques ont subi de profondes modifications. Les changements apportés dans la fabrication des papiers, l'application des machines à marche rapide, l'extension prise par l'impression en couleurs, et surtout, en dernier lieu, les inventions se rapportant à la photographie, ont nécessité de la part du fabricant d'encres de constantes études. Il a dû se tenir au courant de tous les progrès, suivre leur développement, et à chaque innovation, trouver le produit qui en permettait l'application d'une manière pratique.

Non seulement la maison Ch. Lorilleux et Cie a étudié et étudie tous les procédés nouveaux pour fabriquer les produits qui conviennent à leur application, mais le plus souvent elle aide à la vulgarisation de ces procédés par la publication de notes pratiques destinées à sa clientèle. Ainsi, la palette lithographique et la palette typographique qu'elle expose, sont avant tout des démonstrations pratiques de ce que l'imprimeur peut obtenir d'une même couleur en l'employant à divers degrés d'intensité; de ce qu'il peut produire, par une seule impression, suivant le travail de la planche qu'il met en œuvre. Obtenir le plus d'effet possible avec le moins d'impression, est le *desideratum* de tous les imprimeurs qui font de la couleur; aussi apprécient-ils ce mode de présenter une couleur avec la gradation des tons qu'elle peut fournir. Ce sont des indications précieuses qu'ils n'ont garder de négliger, et dont le groupement a exigé un travail des plus sérieux.

La maison Ch. Lorilleux et Cie a pris une part réelle et importante au développement de la photogravure et de l'impression phototypique. On peut dire, sans craindre d'être taxé d'exagération, que l'essor de ces nouveaux modes de reproduction graphique auxquels la photographie a donné naissance, eût été de beaucoup retardé si on n'avait cherché, avec autant de persévérance qu'on l'a fait, à créer les encres noires et les encres de couleur qui permettent aujourd'hui d'imprimer à la machine les planches si délicates et si fidèles obtenues à l'aide des clichés que le photographe livre à l'imprimeur.

Les planches et les spécimens des teintes dites photographiques qu'elle expose montrent à quel point de perfection elle est arrivée.

La maison Ch. Lorilleux et Cie n'ambitionne que le titre d'auxiliaire utile de MM. les imprimeurs de tous les pays, et ses efforts ont leur meilleure récompense dans la confiance dont l'honorent ses clients.

SPÉCIMENS EXPOSÉS

Planches de la palette chromotypographique.
Planches de la palette chromolithographique.
Étude sur la juxtaposition et la superposition des couleurs. Vol. I et II.
Spécimens d'encres pour teintes photographiques.
Épreuves d'encres de couleur pour fonds d'actions.
Spécimens de couleurs broyées pour chromolithographie.
Épreuves d'encres de couleur pour chromotypographie.
Épreuves d'encres nouvelles pour impression.
Spécimens d'encres de couleur pour affiches.
Albums de phototypie.
Traité de lithographie.
Épreuves d'impressions en divers genres.

IMPRIMERIE — LIBRAIRIE — PAPETERIE

ALFRED MAME & FILS

A TOURS

Maison fondée en 1797

Près de 1 000 personnes, hommes, femmes et enfants, sont occupées dans cet établissement, où l'imprimerie peut livrer journellement 15 000 volumes, et la reliure 8 000.

Les bâtiments consacrés à la fabrication du livre sont entourés de jardins, et dans des conditions hygiéniques excellentes.

De vastes magasins contiennent un approvisionnement de 6 000 000 de volumes reliés.

Deux machines à vapeur avec une force de 120 chevaux, tout en donnant le mouvement à l'outillage de la maison, permettent de répandre la lumière électrique par environ 800 lampes Édison.

La bonne harmonie n'a jamais cessé de régner entre les patrons et les ouvriers, liés entre eux par une caisse de participation et de nombreuses institutions de prévoyance.

Le fonds de la maison Mame comprend :

I. Publications artistiques, livres d'étrennes.

II. Livres de piété.

III. Livres de liturgie.

IV. Livres pour distributions de prix.

V. Livres classiques.

Parmi les publications hors ligne citons : *La Touraine*, proclamé un chef-d'œuvre par le jury de 1855. — Le *Missel illustré*, 1861. — La *Bible*, de Doré, 1866. — *Les Jardins*, 1867. — Les *Chefs-d'œuvre de la langue française*, 13 volumes, 1868-1880. — *Charlemagne*, 1877. — *Saint Louis, Sainte Élisabeth*, 1878. — *Saint Martin*, 1881. — *Jeanne d'Arc*, 1883. — *Polyeucte*, 1889.

OUVRAGES EXPOSÉS

LA SAINTE BIBLE, 2 vol. grand in-folio, 230 compositions par Gustave Doré. Ornementations du texte par Giacomelli. Prix cartonné. . . . . 200 fr.

Spécimens dans un cadre.

LES JARDINS, par Arthur Mangin. 1 vol. grand in-4, illustré de nombreuses gravures sur bois, édition de grand luxe entièrement épuisée.

Spécimens dans un cadre.

POLYEUCTE. Tragédie de Pierre Corneille, édition de grand luxe. 1 vol. grand in-4 avec un portrait gravé sur acier, 5 grandes eaux-fortes et de nombreuses gravures sur bois. Prix relié. . . . . 120 fr.

MISSALE ROMANUM. Édition in-folio, richement illustrée. Prix relié en maroquin du Levant. . . . 100 fr.

SAINT MARTIN, par Lecoy de la Marche. 1 vol. petit in-4, richement illustré de chromolithographies et de gravures sur bois Prix demi-reliure d'amateur. 25 fr.

HISTOIRE DE LA CÉRAMIQUE, par Éd. Garnier. 1 vol. grand in-8 illustré de chromolithographies et de gravures sur bois. Prix relié en percaline.. . . 10 fr. 50

FABIOLA, traduit de l'anglais du cardinal Wiseman. 1 vol. in-4 richement illustré. Prix relié en percaline . . . . 8 fr. 50

MISSEL ROMAIN dit des Sept Sacrements. Édition grand in-18 avec encadrement en plusieurs couleurs sur fond or et 7 planches hors texte gravées sur bois. Prix relié en maroquin.. . . . . 36 fr.

LIVRE D'HEURES pour mariage. Édition grand in-18, encadrement reproduisant des types de dentelles avec frontispice en couleur et 4 gravures hors texte à l'eau-forte. Prix relié en maroquin. . . . . 20 fr.

G. MASSON

LIBRAIRE-ÉDITEUR

Boulevard Saint-Germain, 120, à Paris.

La librairie de G. Masson a obtenu à l'Exposition universelle de 1889 deux grands prix : l'un dans la classe de l'Enseignement supérieur ; l'autre dans la classe de la Librairie.

Ces deux hautes récompenses disent mieux qu'une longue notice le caractère spécial de cette maison.

Consacrée aux choses de l'Enseignement à tous les degrés, elle apporte en outre à toutes ses publications, au point de vue de l'exécution, un soin que le jury de la classe IX a voulu récompenser par la plus haute des récompenses dont il disposât.

En même temps, la classe VIII, par une distinction tout à fait hors de pair, consacrait les services que, depuis trois quarts de siècle, cette librairie a rendus à la science, en s'employant, en dehors de toutes préoccupations matérielles, à la diffusion des grandes œuvres scientifiques, tout particulièrement pour les sciences naturelles et les sciences médicales.

La librairie G. Masson, depuis le 1er janvier de cette année, c'est-à-dire en six mois à peine, a publié soixante et un ouvrages nouveaux de prix et de format divers, variant, pour chaque volume, de 1 franc à 120 francs.

M. G. Masson est le libraire de l'Académie de Médecine et de sept autres sociétés savantes.

Les publications périodiques éditées par lui sont au nombre de 29. Savoir : 2 paraissant deux fois par semaine; 5 paraissant une fois par semaine; 2 paraissant tous les 15 jours; 9 paraissant tous les mois; 4 paraissant tous les deux mois; 3 paraissant tous les trois mois; 4 paraissant à des intervalles indéterminés.

OUVRAGES EXPOSÉS

LELOIR ET VIDAL. *Traité descriptif des maladies de la peau*, accompagné d'un atlas de 54 planches en chromolithographie. (Deux livraisons publiées.) Il paraîtra en 9 livraisons et sera vendu complet. . . . . . . 100 fr.

SER. *Traité de physique industrielle.* Tome II, 1re partie, Chaudières à vapeur — Distillation — Évaporation et Séchage — Désinfection. 1 vol. in-8 avec fig. 12 fr.

THOINOT ET MASSELIN. *Précis de microbie médicale et vétérinaire.* 1 vol. in-18 avec 75 figures noires et en couleur intercalées dans le texte. . . . . . . 6 fr.

NOUVELLES ARCHIVES DU MUSEUM D'HISTOIRE NATURELLE, 1 vol. par an depuis 1878, gr. in-4, avec pl. noires et en couleur. . . . . 40 fr.

ARCHIVES DE MÉDECINE EXPÉRIMENTALE ET D'ANATOMIE PATHOLOGIQUE, publiées sous la direction de M. CHARCOT. — Paris, 24 fr. — Départements, 25 fr. — Union, 26 fr.

LA NATURE. Revue illustrée des sciences et de leurs applications aux arts et à l'industrie, dirigée par M. GASTON TISSANDIER. Hebdomadaire, 35 vol. publiés depuis 1873. Prix d'abonnement annuel : 20 fr. Départements : 25 fr.

TROOST. *Traité élémentaire de chimie.* 9e édition. 1 volume in-8 avec 491 figures. . . . . 8 fr.

MILNE-EDWARDS. *Précis d'Histoire naturelle.* 19e édit. 1 vol. in-18 avec 411 figures . . . . 3 fr.

DUBAIL. *Texte Atlas* établi conformément au plan d'étude pour l'enseignement primaire (trois cours).
Cours élémentaire, 60 c.; *Cours moyen*, 2 fr. 25; *Cours supérieur*. . . . . 4 fr. 50

BATAILLE. *Grammaire pratique de la langue française.* Cours préparatoire, 0 fr. 60; Cours élémentaire, 0 fr. 75; Cours moyen. . . . . 1 fr. 25
Livre du maître. — Cours élémentaire . . . . . 4 fr.

MASURE & PERRIGOT

PAPETERIES A LA CUVE

D'Arches et d'Archettes (Vosges)

Dépôt, rue Mazarine, 30, *à Paris*. Gérant : V. REBOUL

Les papeteries d'Arches et d'Archettes existaient au xve siècle, comme en fait foi un document authentique daté du 23 juillet 1498. Une série de documents plus récents permet d'établir que l'Usine d'Arches a été exploitée, notamment à partir de l'année 1784, par la Société littéraire et typographique fondée par Caron de Beaumarchais, pour fabriquer les papiers destinés à l'impression de l'édition de Kehl des œuvres de Voltaire et de Rousseau ; puis par la Société Desgranges et Cie, dont un des membres, M. Conad, aïeul maternel de M. Morel, mourut en 1833, en léguant à ce dernier l'ensemble des usines d'Arches et d'Archettes, qu'il exploita seul jusqu'en 1860.

Les papeteries ayant, à cette époque, acquis un grand développement, M. Morel s'adjoignit successivement, comme associés, son beau-fils, M. Bercioux, d'abord, puis en 1871, son neveu, M. Masure.

La Société Morel, Bercioux et Masure fut dissoute le 1 juillet 1888, à la suite des décès des deux premiers associés, survenus à quelques mois d'intervalle.

Devenu seul propriétaire des papeteries d'Arches et d'Archettes, M. Masure a formé, le 1er août 1888, avec son gendre, M. Perrigot, ingénieur des Arts et Manufactures et licencié en droit, une nouvelle Société, sous la la raison sociale : *Masure et Perrigot.*

PRINCIPALES RÉCOMPENSES OBTENUES

1878 et 1889. Paris. — Médailles d'or.

1885. Anvers. — Hors concours. Masure, membre du Jury des récompenses.

PAPIERS EXPOSÉS

Les Papeteries d'Arches et d'Archettes fabriquent couramment tous les types, sans exception, de papiers à la forme, vélins et vergés, sans colle et collés, de tous les formats et poids, depuis la carte de visite et le billet de banque, jusqu'au Grand-Monde, qui mesure 1m, 12 sur 92 centimètres et qui pèse 95 kilos la rame. L'Exposition présente :

1° Un carnet d'échantillons de papiers sans colle et collés, vélins et vergés, pour impressions en typographie, en lithographie, en taille-douce, à l'eau-forte ;

2° Deux cartons contenant des feuilles entières des mêmes papiers et quelques spécimens de papiers imprimés et de gravures ;

3° Un carnet d'échantillons de cartes et papiers, dits *moyen âge*, pour correspondance, billets de mariage, avis de naissance avec des enveloppes assorties : ainsi que les différents types de papiers pour mandats.

C'est la maison Morel, Bercioux et Masure qui, la première, en 1878, a exposé ces élégants papiers à lettres vergés, avec marges frangées, portant un monogramme filigrané dans la pâte, dont la vogue devint bientôt si grande, sous la dénomination de papier moyen âge, que de nombreuses imitations n'ont pas tardé à surgir en France et à l'étranger ;

4° Un album renfermant un grand nombre de papiers filigranés par deux procédés différents : les uns vélins, les autres vergés par un procédé breveté, qui est la propriété exclusive de la Maison Masure et Perrigot ;

5° Un autre album renfermant des papiers moyen âge avec monogrammes filigranés dans la pâte et des spécimens de mandats filigranés.

LITHOGRAPHIE ARTISTIQUE

J. MINOT & CIE

IMPRIMEURS-ÉDITEURS

ANCIENNE MAISON GUESNU

Fondée en 1839

5, rue Béranger, 5, à Paris

L'établissement de lithographie artistique de MM. J. Minot et Cie est une maison spéciale pour les impressions de luxe, les calendriers et éphémérides illustrés en toutes langues, ainsi que pour les couvertures de livres illustrés.

La maison a remporté, dans les diverses Expositions nationales et internationales où elle a pris part, les récompenses suivantes :

1851. *Londres*. Exposition universelle. Médaille de bronze.
1855. *Paris*. Exposition universelle. Médaille d'argent.
1867. *Paris*. Exposition universelle. Médaille de bronze.
1883. *Amsterdam*. Médaille d'argent.
1888. *Châteauroux*. Diplôme d'honneur.
1888. *Troyes*. Diplôme d'honneur et médaille d'or.
1888. *Bruxelles*. Médaille d'or.
1888. *Bruxelles*. Médaille d'argent.
1888. *Paris*. Diplôme d'honneur.
1888. *Paris*. Diplôme d'honneur.
1889. *Alger*. Diplôme d'honneur.
1889. *Reims*. Diplôme d'honneur et médaille d'honneur.
1889. *Genève*. Grand diplôme d'honneur.
1889. *Paris*. Exposition universelle. Médaille d'or.
1889. *Paris*. Exposition universelle. Médaille d'argent.
1890. *Nice*. Hors concours.
1890. *Perpignan*. Membre du jury, hors concours.

M. Minot a reçu les décorations suivantes :

Officier de l'Instruction publique,
Chevalier du Mérite Agricole,
Chevalier de l'Ordre belge Léopold II,
Chevalier de l'Ordre royal Couronne d'Italie,
Officier de l'Ordre du Vénézuela,
Officier de l'Ordre royal du Cambodge,
Officier de l'Ordre du Dragon d'Annam.

OUVRAGES EXPOSÉS

Spécimens d'impressions en chromolithographie
DANS UN CADRE

IMITATION D'AQUARELLES

DEUX SUJETS SE FAISANT PENDANT

UNE TÊTE DE FEMME *(calendrier)*

DIVERSES COUVERTURES DE LIVRES ET D'ALBUMS
ILLUSTRÉES DE CHROMOLITHOGRAPHIES

MAISON ROULHAC. — PAPIERS EN GROS

H. ODENT & CIE

BOULEVARD SAINT-MICHEL, 11, A PARIS

Fondée par MM. Roulhac en 1830, la maison de papeterie dirigée par MM. H. Odent et Cie est l'une des plus anciennes maisons de ce genre qui existent à Paris.

En dehors des sortes communes, bulles, etc., la spécialité de cette maison est la fourniture de papier pour ouvrages de luxe, labeurs soignés, livres de droit et de médecine, publications périodiques et illustrées, musique, cartes géographiques, impression en lithographie, chromolithographie et chromotypographie.

Un article spécial, dernière création, obtenu avec de grandes difficultés, est le papier fait en France avec les produits que les Japonais eux-mêmes emploient pour cette fabrication.

L'utilité de ces papiers est incontestable. Tout ouvrage imprimé sur japon est pour ainsi dire indestructible.

Cette sorte est recherchée spécialement pour : atlas, cartes géographiques, brevets, diplômes, étiquettes, enveloppes, plans, devis, pièces à conserver dans les archives, cartes d'abonnement et de circulation pour chemins de fer, polices d'assurances, menus, carnets de bal, impressions de luxe, musique, etc.

OUVRAGES EXPOSÉS

IMPRIMÉS SUR NOS PAPIERS JAPON

Le Rêve, ballet, exemplaire sur japon, publication de la maison Hartmann et Cie.

La Vie de N.-S. Jésus-Christ, exemplaire sur japon, publication de la maison Plon, Nourrit et Cie.

La Marine, par SAHIB, exemplaire sur japon, publication de la maison Jouvet et Cie.

Carte de la France de M. VIVIEN DE SAINT-MARTIN, tirée sur japon, évitant ainsi l'entoilage, publiée par la maison Hachette et Cie.

Carte de la France en 600 feuilles, dressée par ordre du ministre de l'intérieur; tout le tirage de cette carte se fait sur notre papier japon; publiée par la maison Hachette et Cie.

Gravure sur japon, extraite du volume : *Paris*, publié par la maison Nadaud et Cie.

Gravures-Menus imprimés par Boutet, sur japon.

Spécimen d'une action, tirage sur papier japon.

LIBRAIRIE PAUL OLLENDORFF

ÉDITEUR A PARIS

28 *bis*, Rue de Richelieu, 28 *bis*

Bien que ce ne soit qu'en 1875 que M. Paul Ollendorff ait créé sa maison, elle a su prendre une place importante dans la librairie moderne. C'est surtout à l'édition du *Roman* que M. Ollendorff a donné une grande extension.

Il a voulu, au point de vue matériel, faire pour les romans, qui doivent être des livres bon marché et accessibles à tous, une collection remarquée pour la perfection de sa typographie et ses qualités de fabrication.

En très peu de temps, M. Paul Ollendorff prenait ainsi rang parmi les premiers éditeurs parisiens. Une grande vogue suivait ses publications. Il faisait paraître les œuvres de Georges Ohnet, d'Albert Delpit, d'André Theuriet; puis il groupait encore autour de lui les noms célèbres de Guy de Maupassant, Octave Mirbeau, Émile Bergerat, Catulle Mendès, René Maizeroy, Robert de Bonnières, Armand Silvestre, Henri de Pène, le comte d'Hérisson, et de tant d'autres. Son catalogue s'enrichissait de jour en jour; il compte aujourd'hui plus de douze cents ouvrages et porte les noms de plus de six cents auteurs.

La maison Ollendorff a commencé, pour ceux de ses romans qui ont obtenu le plus de succès, la publication d'une édition de luxe, illustrée par nos artistes les plus connus, et destinée à prendre place sur les rayons des bibliophiles.

A côté des *Romans* qui ont répandu partout la marque de sa maison, M. Ollendorff créait une Bibliothèque de *Théâtre* des plus intéressantes.

Signalons, entre autres publications dramatiques, le précieux recueil du *Théâtre de Campagne*, dont les huit volumes actuellement parus ont obtenu un si grand succès;

puis, dans un autre genre, la jolie *Collection des moralistes;* et enfin la toute récente édition du Centenaire de l'*Histoire de la Révolution française* de J. MICHELET, imprimée par l'Imprimerie nationale.

En même temps, M. Paul Ollendorff continuait la publication des fameuses méthodes de langues étrangères de son père, le professeur H.-G. Ollendorff.

OUVRAGES EXPOSÉS

Histoire de la Révolution française, par J. MICHELET, imprimée pour le Centenaire de 1789. Cinq beaux volumes gr. in-8, papier vélin blanc, avec portrait de Michelet gravé à l'eau-forte par Dubouchet. Broché . . 50 fr.

Serge Panine, par GEORGES OHNET. Ouvrage couronné par l'Académie française, illustré de 10 eaux-fortes de Ad. Lalauze. Un volume grand in-8, sur papier vélin blanc, avec les planches en noir. Broché. . . . 20 fr.

Sur papier du Japon impérial (tirage numéroté), avec double suite des planches, l'une en premier état, l'autre avant la lettre. . . . . 60 fr.

Le Livre d'or de la comtesse Diane. Un volume in-16, sur papier teinté, avec filets de couleur. . . . . . 8 fr.

Sur papier de Hollande . . . . 20 fr.

Le Roman de Paris, par EUGÈNE MORAND. Illustrations de Henri Pille. Un volume grand in-18 . . . . 3 fr. 50

Sur papier du Japon . . . . 20 fr.

Noir et Rose, par GEORGES OHNET. Un volume in-16, papier teinté. . . . . 3 fr. 50

Sur papier de Hollande . . . . 8 fr.

Notre Cœur, par GUY DE MAUPASSANT. Un volume grand in-18. 3 fr. 50

OUTHENIN-CHALANDRE FILS & Cie

Rue N.-D.-des-Victoires, 16, à Paris

La maison Outhenin-Chalandre fils et Cie a été fondée en 1834 par M. J. Outhenin-Chalandre.

Voici, par ordre de date, le tableau de ses établissements :

L'usine de	Geneuille,	fondée en	1835
—	Chevroz,	—	1846
—	Savoyeux,	—	1855
—	Deluz,	—	1875
—	Seveux,	—	1877

Ces divers établissements, tous situés en Franche-Comté, comportent 7 grandes machines à papier :

3 à Geneuille, 3 à Deluz et 1 à Savoyeux.

La production journalière s'élève à près de 20,000 kilogrammes.

Comme genre de fabrication, la maison Outhenin-Chalandre fils et Cie embrasse toute l'échelle des « papiers fins », soit qu'ils appartiennent aux sortes d'écriture ou aux sortes d'impression.

Voici le sommaire des principaux genres de papiers fabriqués :

1° Papiers parcheminés colle animale et colle végétale, pour titres, actions, chèques, avec filigrane clair et filigrane ombré dans la pâte. Papier de sûreté réagissant aux acides et aux bases ;

2° Vélins et vergés anglais en six pâtes filigranées O C F, avec dessins variés suivant la qualité ;

3° Coquilles vélins, colle végétale, en dix pâtes ;

4° Pâtes à registres. Écoliers ;

5° Bobines pour méthodes d'écriture, pour papiers couchés, pour cartes à jouer ;

6° Carte transparente ivoire en trois pâtes ;

7° Impressions. Spécialité de papiers d'alfa pour Journaux et Livres illustrés.

La vente se fait entièrement par l'intermédiaire du dépôt de Paris, fondé en 1837, qui a centralisé toutes les affaires en trois grands départements :

1° Exportation ;

2° Province ;

3° Paris.

Depuis 1883, il a été fondé une maison à Bruxelles pour la vente en Belgique.

RÉCOMPENSES OBTENUES

Médaille d'argent, 1855, Paris, Exposition universelle.

Médaille d'argent, 1867, Paris, Exposition universelle.

Diplôme d'honneur, 1860, Besançon.

Croix de la Légion d'honneur, 1865, à M. J. Outhenin-Chalandre.

Médaille d'or, 1878, Paris, Exposition universelle.

1re classe de mérite, 1889, Melbourne.

Grand prix, 1889, Paris, Exposition universelle.

Croix de la Légion d'honneur, 1889, à M. A. Outhenin-Chalandre.

PAPETERIES DU MARAIS

ET DE SAINTE-MARIE

(Société anonyme au capital de 1 800 000 francs)

Neuf usines en Seine-et-Marne

H. L. DUMONT, ADMINISTRATEUR-DIRECTEUR

Dépôt, rue du Pont-de-Lodi, 3, à Paris.

E. GRUINTGENS, *Agent*.

La SOCIÉTÉ ANONYME DES PAPETERIES DU MARAIS ET DE SAINTE-MARIE, dont la formation remonte à 1828, et qui a été constituée par la fusion de trois usines à papier remontant au commencement du dix-septième siècle, a toujours fabriqué dans ses usines les papiers destinés aux *Livres*.

On peut affirmer que toutes les maisons françaises d'édition ont cherché et trouvé dans l'approvisionnement très varié du Dépôt des Papeteries du Marais, aussi bien les vélins et vergés à la forme, pour les publications les plus soignées, que les bons papiers de machine employés pour les livres d'étude et les classiques élémentaires.

C'est grâce à l'organisation même des usines, aux soins et à la perfection constamment recherchés dans le travail particulier de chacune d'elles, aux eaux pures employées à la préparation des pâtes, que la Société est arrivée à fournir des produits appréciés des éditeurs par leurs qualités régulières, comme bonté, force, format et poids.

En ce qui concerne les sortes pour la typographie, des éditions importantes comme nombre de volumes, et qui ont demandé bien des années pour être complètes, présentent des tomes identiques quant au papier. Nous exposons des feuilles du *Consulat et de l'Empire*, de M. Thiers, imprimées en 1864 et en 1889. On peut se rendre compte, en les comparant, à quel point cette fabrication a été suivie malgré vingt-cinq années d'intervalle.

Les papiers pour impression de gravures en taille-douce ou à l'eau-forte, ainsi qu'en chromolithographie, sont l'objet de soins tout particuliers à l'usine de Sainte-Marie ; ils sont de qualité absolument supérieure comme main, blancheur, durée, et recherchés en France et à l'étranger.

Les papiers faits à la main proviennent de Crèvecœur ; cette usine, dotée de moyens de fabrication particuliers en ce qui concerne la fabrication des billets de banque filigranés, produit également, par certains procédés spéciaux, les vélins et les vergés si purs de pâte et si réguliers de format que nous présentons dans notre exposition.

Une autre usine, affectée à la fabrication des sortes de couleur pour couverture de brochures et garde de cartonnage et de reliure, fournit des papiers de teintes variées doublés de blanc, fabrication incontestablement perfectionnée sur les sortes de couleur ordinaires.

Nous rappellerons pour mémoire dans cette Notice, spécialement consacrée aux papiers qui concourent à la *fabrication du Livre*, que la Société des Papeteries du Marais et de Sainte-Marie a obtenu les plus hautes récompenses dans les diverses Expositions internationales françaises et étrangères.

Médaille d'argent, Paris 1819 ; Médaille d'or, Paris 1834 ; Médaille d'or, Paris 1844 ; Médaille d'or, Paris 1849 ; Prize Medal, Londres 1851 ; Médaille d'argent, Paris 1855 ; Médaille, Londres 1862 ; Hors concours, Paris, 1867 ; Grand diplôme d'honneur, Vienne 1873 ; Médaille, Philadelphie 1876 ; Grand Prix, Paris, 1878 ; deux Médailles premier ordre de mérite, Melbourne 1881 ; Diplôme d'honneur, Amsterdam 1883 ; Diplôme d'honneur, Anvers 1885 ; Médaille d'or, Barcelone 1888 ; Hors concours, Paris 1889.

1034. — M. Delatouche, directeur, chevalier de la Légion d'honneur.

1870. — M. A. Doumerc, directeur, chevalier de la Légion d'honneur.

1877. — M. H. L. Dumont, directeur, chevalier de la Légion d'honneur ; 1885, Officier du même ordre.

E. PLON, NOURRIT & CIE

IMPRIMEURS-ÉDITEURS

Rue Garancière, 8 et 10, à Paris

IMPRIMERIE

FONDERIE

GALVANOPLASTIE

ET

STÉRÉOTYPIE

LIBRAIRIE

LITTÉRATURE

HISTOIRE

BEAUX-ARTS

JURISPRUDENCE

L'Imprimerie Plon est une de ces anciennes *imprimeries à brevet* dont il est assez difficile de fixer exactement la date de fondation, mais qu'on sait remonter pour la plupart aux premiers temps de l'imprimerie parisienne.

Au commencement de ce siècle, elle occupait une dépendance de l'Hôtel Palatin, au chevet de l'église S. Sulpice. Lorsqu'en 1832 M. Henri Plon en devint propriétaire, en association avec M. Béthune, les ateliers avaient été transférés au numéro 36 de la rue de Vaugirard, dans un hôtel appartenant à l'État et dépendant du palais du Luxembourg. La raison sociale, qui, de 1832 à 1845, fut BÉTHUNE ET PLON, devint, à partir de cette date jusqu'en 1855, PLON FRÈRES, M. Henri Plon s'étant associé ses frères Hippolyte et Charles. Quand cette association prit fin, M. Henri Plon demeura seul titulaire de la maison, qui, en 1854, avait été transférée dans l'ancien Hôtel Roquelaure, rue Garancière, 8, et rue Servandoni, 11.

Si la maison d'imprimerie remonte à une époque reculée, la librairie ne date que de la première moitié de ce siècle. Elle fut fondée en 1845 par M. Henri Plon, qui édita d'abord quelques livres liturgiques illustrés, bientôt après des livres de droit, enfin des publications historiques ainsi que des ouvrages de luxe et des classiques destinés aux bibliophiles. Ses catalogues d'histoire et de jurisprudence prirent surtout un développement rapide et considérable.

M. Henri Plon étant décédé en 1872, sa librairie et son imprimerie passèrent à ses héritiers sous la raison sociale E. PLON ET Cie, de 1872 à 1883; puis E. PLON, NOURRIT ET Cie à partir de cette date. Elles sont demeurées une propriété de famille, gérée par son fils, M. Eugène Plon, son gendre, M. Robert Nourrit, et les deux gendres de celui-ci, M. Pierre Mainguet et M. Joseph Bourdel.

L'imprimerie, à côté des travaux courants, s'adonne toujours aux tirages de luxe, ainsi qu'aux impressions polychromes. De 1850 à 1860, M. Henri Plon avait été un des premiers à appliquer couramment la typographie aux tirages en couleurs, et cela avec un certain succès, bien qu'à cette époque déjà lointaine la photographie n'eût pas encore apporté son précieux concours à la gravure en relief. La polychromie trop poussée ayant souvent pour effet de compromettre dans la reproduction le caractère artistique de l'original, la maison Plon a depuis longtemps pris pour règle de n'employer la couleur qu'avec une réserve discrète, et en variant le procédé selon la nature du modèle. On constatera ce double effort dans les spécimens exposés. Les uns sont des impressions typographiques où toutes les couleurs sont tirées à la machine; d'autres comportent un mélange d'impression et de coloriage au lavis ; quelques-uns sont des héliogravures imprimées à plusieurs tons; plusieurs enfin sont des planches au burin, avec rehauts d'or et de couleurs appliqués au pinceau. L'un ou l'autre procédé a été choisi selon qu'il paraissait le mieux en conformité des intentions de l'artiste.

Quant à la maison d'édition, elle s'est considérablement développée ces vingt dernières années : livres d'art, voyages, littérature, romans, publications illustrées, et, toujours au premier rang de son catalogue, grandes publications historiques et mémoires inédits sur l'Ancien Régime, sur la Révolution, l'Empire, la Restauration et la Monarchie de Juillet. Sans donner la liste complète des ouvrages de cette dernière série, qui, à elle seule, forme un volumineux catalogue, il suffit de dire que nombre d'entre eux ont obtenu les plus hautes récompenses de l'Académie française et de l'Académie des inscriptions et belles-lettres : l'*Histoire de France*, de Dareste (Deux Grands Prix Gobert) ; l'*Histoire de la Monarchie de Juillet*, par M. Thureau-Dangin (Deux Grands Prix Gobert) ; *l'Europe et la Révolution*, par M. Albert Sorel (Deux Grands Prix Gobert) ; *Richelieu et la Monarchie absolue*, par M. le vicomte d'Avenel (Grand Prix Gobert) ; *Abraham Duquesne*, par A. Jal (Grand Prix Gobert) ; *Saint Louis et Alphonse de Poitiers*, par E. Boutaric (Grand Prix Gobert). — La place nous manque pour mentionner tant d'autres œuvres auxquelles ont été décernés le second grand prix Gobert, les prix Thérouanne, Thiers, Guizot, Bordin, Halphen, Montyon, etc.

Aux grandes Expositions, l'imprimerie et la librairie Plon ont obtenu les récompenses suivantes : Paris, 1844, Méd. d'argent. Paris, 1849, Méd. d'or. Londres, 1851, Prize Medal. Paris, 1855, *Médaille d'honneur*. Londres, 1862, Medal (*Honoris causa*). Paris, 1867, Méd. d'argent. Paris, 1878, Méd. d'or. Anvers, 1885, *Diplôme d'honneur*. Barcelone, 1888, Méd. d'or. Melbourne, 1888, Méd. d'or. Paris, 1889, GRAND PRIX. — M. H. Plon a été *Président de la Chambre des Imprimeurs et Vice-Prés. du Cercle de la Librairie* (Chev. de la Lég. d'hon., 1851) ; — M. E. Plon, *Président du Cercle de la Librairie, Prés. du Syndicat de la propriété littéraire et artistique* (Chev. de la Lég. d'hon., 1877) ; — M. R. Nourrit, *Vice-Président de la Chambre des Imprimeurs, et Secrétaire du Cons. d'adm. du Cercle de la Libr.* (Chev. de la Lég. d'hon., 1885).

OUVRAGES EXPOSÉS

GUILLAUMET. *Tableaux algériens.* In-4. Exemplaire sur papier du Japon. Prix. . . . . 400 fr.

L'illustration de cet ouvrage fournit des spécimens variés de gravures à l'eau-forte, d'héliogravures, dont deux sont tirées en polychromie, de fac-similés de dessins en noir et en typochromie.

BOUCHOT ET SADOUX. *Franche-Comté.* In-4. . 150 fr.

Eaux-fortes, héliogravures, phototypies, grav. typographiques.

HUGUES LE ROUX. *Les Jeux du Cirque et la Vie foraine.* Illustr. de J. GARNIER. In-8. Ex. japon. Prix. . 100 fr.

Plus de 200 dessins, rehaussés de teintes à l'aquarelle.

RICHER (Dr P.). *Anatomie artistique.* Gr. in-4. . . 50 fr.

Dessins en noir et à deux tons, tirages typographiques.

ONCLE EUGÈNE. *La Civilité puérile et honnête,* illustrée par M. B. DE MONVEL. In-4 oblong. . . . . . 10 fr.

Spécimen de la Collection des albums pour la jeunesse.

CADRES

LA REINE MARIE-ANTOINETTE, M. DE TALLEYRAND, LE DUC DE RICHELIEU.

Portraits en héliogravure de la Bibliothèque historique in-8.

DELABORDE (Vte) ET HAUSSOULLIER. *Les Maîtres florentins du XVe siècle.* In-fol. 30 planches. 300 fr.

Gravures au burin, avec rehauts d'or et teintes à l'aquarelle.

PLON (EUGÈNE). *Leone Leoni* (Prix BORDIN). In-4. 50 fr.

Spécimens des eaux-fortes et des héliogravures.

MENDÈS. *Les plus jolies Chansons du pays de France,* illustrées par MÉTIVET. Gr. in-8. . . . . 20 fr.

Spécimens de gravures polychromes, tirées à la machine.

PAPETERIES DE BESSÉ-SUR-BRAYE (Sarthe)

Vve PRIOUX & FILS

Quai des Grands-Augustins, 47, à Paris.

Les Papeteries de Bessé-sur-Braye, représentées par Mme Ve Prioux et Fils (maison fondée à Paris en 1790), fabriquent spécialement les papiers pour éditions, pour la musique, l'impression des cartes, atlas en chromotypographie et chromolithographie, etc., etc.

Ces usines, dont la création remonte au commencement du siècle, et qui produisaient alors des papiers à la cuve, ont été des premières à installer la machine à papier continu. Leur outillage, accru successivement de tous les perfectionnements réalisés dans l'industrie papetière, leur permet de fabriquer aujourd'hui des sortes recherchées et appréciées pour les belles impressions.

Situées aux portes de la Bretagne et de la Normandie, c'est-à-dire en plein pays d'approvisionnement en beaux chiffons, les Papeteries de Bessé ont toujours fait de cette matière première un usage considérable. La cellulose de bois, les pâtes de paille et d'alfa y sont cependant couramment traitées, surtout pour des demandes et des usages spéciaux; mais c'est le chiffon qui constitue la matière première primordiale et qui est exclusivement adopté pour la fabrication des papiers fins Son traitement, opéré par des procédés continuellement perfectionnés, est l'objet de soins tout particuliers.

La production de Bessé, qui est toute en papiers fins et mi-fins, représente, avec celle de l'annexe de Papault, un tonnage de 5 000 kilogrammes par jour.

La situation des usines à quatre heures de Paris, sur la grande ligne de l'État (Paris à Bordeaux par Chartres), leur permet une prompte arrivée sur le marché de Paris.

SPÉCIMENS D'OUVRAGES
TIRÉS
Sur les papiers des Papeteries de Bessé-sur-Braye.

1. *La Vieille France.* Illustrations de Robida. Publiée par la *Librairie illustrée.*
2. Le *Catalogue illustré du Salon.* Publié par L. Baschet, éditeur.
3. *La Revue illustrée.* Publiée par L. Baschet, éditeur.
4. *Le Livre de la Fiancée.* Publié par A. Lemerre, éditeur.
5. *Le Bréviaire d'amour.* Publié par A. Lemerre, éditeur.
6. *Histoire universelle. — Athènes.* — Publiée par A. Lemerre, éditeur.
7. Deux Spécimens de *Cartes,* imprimés par la maison Monrocq.
8. Deux feuilles tirées en huit couleurs par la maison Monrocq.
9. Spécimen de tirage lithographique, exécuté par la maison Lemercier.
10. Spécimens des papiers ayant servi aux ouvrages ci-dessus.

REVUE POLITIQUE ET LITTÉRAIRE

REVUE BLEUE

PARAISSANT LE SAMEDI

Boulevard Saint-Germain, 111, à Paris.

Cette *Revue* a été fondée en 1863, sous le nom de *Revue des Cours littéraires*.

Puis, agrandissant son cadre afin d'acquérir une plus grande liberté pour traiter toutes les questions d'intérêt public, elle est devenue, en 1871, la *Revue politique et littéraire*.

En 1886, elle a adopté le nom de *Revue bleue*, sous lequel elle était habituellement désignée dans le public.

La haute politique entre dans son cadre élargi, et avec elle la critique littéraire courante, l'analyse attentive de tous les ouvrages importants qui paraissent en France et à l'Étranger, toutes sortes d'informations littéraires, et chaque semaine, une appréciation, au point de vue du moraliste, des incidents qui se produisent.

La *Revue* publie des articles sur les sujets suivants : Morale, Histoire des religions, Philosophie, Politique, Législation, Économie politique, Enseignement, Histoire, Littératures grecque, latine, italienne, espagnole, allemande, anglaise, etc., Études orientales, Philologie comparée, Archéologie, Beaux-Arts, Géographie, Voyages, Questions militaires, Théâtres, Notes et Impressions, Causerie littéraire, Mouvement de la librairie, Chronique de la semaine.

La *Revue* s'efforce ainsi d'être une image vivante, animée et fidèle du mouvement intellectuel contemporain.

REVUE SCIENTIFIQUE

PARAISSANT LE SAMEDI

Boulevard Saint-Germain, 111, à Paris.

La collection de la *Revue scientifique*, qui comprend aujourd'hui 45 volumes in-4° de plus de 800 pages chacun, est, à proprement parler, une encyclopédie du mouvement scientifique depuis 1863.

Les noms de ses collaborateurs suffisent à indiquer la valeur de cette publication :

MM. BERTHELOT, PASTEUR, DE QUATREFAGES, MAREY, DU BOIS-REYMOND, VIRCHOW, DE LESSEPS, DE LACAZE DUTHIERS, CHAUVEAU, VERNEUIL, ROCHARD, HIRN, HERZEN, CARL VOGT, ARMAND GAUTIER, FAYE, DE LAPPARENT, BOUQUET DE LA GRYE, JANSSEN, etc., etc.

Les 2 volumes que nous exposons contiennent les tables des matières traitées dans les *Revues* depuis leur fondation.

PRIX DE L'ABONNEMENT

A LA *Revue bleue* OU A LA *Revue scientifique* :

Un an : Paris, 25 fr. — Départem. et Alsace-Lorraine, 30 fr.
Étranger, 35 fr.

LES DEUX REVUES ENSEMBLE :

Un an : Paris, 45 fr. — Départem. et Alsace-Lorraine, 50 fr.
Étranger, 55 fr.

Les abonnements partent du 1er de chaque trimestre.

PRIX DU NUMÉRO : 60 CENTIMES.

EM. TERQUEM

rue Scribe, 19, Paris

Maison de commission en librairie pour l'étranger et tout spécialement pour les États-Unis.

Par suite des rapports entre les éditeurs français que M. Em. Terquem représentait à l'Exposition de Philadelphie en 1876 et les éditeurs américains dont les intérêts lui ont été confiés aux Expositions universelles de Paris en 1878 et en 1889, il estime, en raison de ses relations suivies entre les deux pays, avoir amené, depuis les commencements très modestes de sa maison fondée en 1877, un courant d'affaires d'exportation et d'importation très important et auquel il emploie tous ses efforts à en favoriser le développement.

A ces affaires, la maison a ajouté, depuis une dizaine d'années, une industrie toute nouvelle en France, c'est un ensemble d'*articles spéciaux pour la manipulation du livre*, on en trouvera la nomenclature à la page ci-contre. Ces articles d'une vente annuelle de plus en plus active démontrent, par cela même, l'utilité pratique qu'en recueillent le bibliophile, l'homme de science, le libraire et l'amateur.

Des Récompenses ont été obtenues à toutes les Expositions françaises et étrangères où ces articles ont figuré.

☞ Les visiteurs intéressés aux articles ci-contre trouveront un catalogue détaillé donnant les prix, devis et dessins de 27 modèles différents de *Bibliothèques tournantes*. Ce Catalogue sera également envoyé franco, sur demande adressée à Em. Terquem, rue Scribe, 19, Paris.

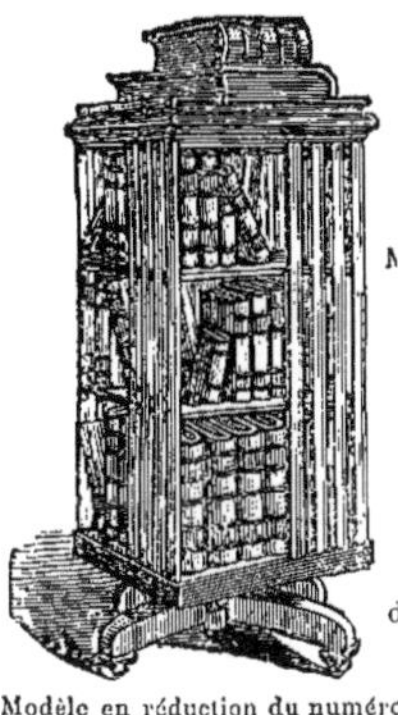

Modèle en réduction du numéro 2.

ARTICLES EXPOSÉS

BIBLIOTHÈQUES TOURNANTES

Modèle n° 1, en noyer. Prix . . . 200 fr.

DIMENSIONS :

Hauteur . . . . $1^{m}50$
Largeur . . . . $0^{m}56$
Profondeur. . . . . $0^{m}20$

Peut loger environ 300 volumes in-8 dans ses quatre étages.

APPUI-LIVRES A COULISSES

Modèle A 0.35 × 0.13 . . . . 10 fr.
— B 0.40 × 0.15 . . . . 13 —
— C 0.60 × 0.18 . . . . 20 —

Se fait en noyer, bois noir, acajou.

APPUI-LIVRES MOBILE

Modèle n° 1. Plaque en tôle découpée vernie noire. 2 fr. la paire
— n° 2. — — pleine — — 3 fr. —
— n° 3. — — — vernie couleur. 3 fr. —

LIBRAIRIE DE L'ÉDITION NATIONALE

ÉMILE TESTARD

ÉDITEUR, RUE DE CONDÉ, 10, A PARIS

Cette librairie est de fondation récente. Elle date de février 1886. Ses collections sont donc peu nombreuses, mais elles se recommandent à l'attention des amateurs par leur importance littéraire, leur intérêt artistique et par une typographie de premier ordre.

Ses principales publications sont les suivantes :

Première série

ŒUVRES DE VICTOR HUGO

ÉDITION NATIONALE

En entreprenant cette *Édition nationale*, nous avons voulu, en quelque sorte, élever un monument au génie littéraire de la France au dix-neuvième siècle, avec les plus puissantes ressources de l'art et de l'industrie.

L'*Édition nationale des Œuvres de Victor Hugo* formera 42 volumes, format in-4 carré. L'illustration comprendra environ 250 grandes eaux-fortes hors texte et plus de 2 000 vignettes en taille-douce, imprimées à mi-page dans le texte. — Chaque volume, du prix de 30 fr., contient au moins cinq grandes illustrations à l'eau-forte et de nombreuses vignettes dans le texte. Il est divisé en 5 fascicules. Nous publions un fascicule tous les quinze jours.

Déjà 23 volumes sont publiés, les suivants :

I — POÉSIE

Les *Poésies de Victor Hugo* forment 15 vol. in-4. Leur illustration comprend 75 grandes eaux-fortes hors texte et plus de 1 000 vignettes héliographiques dans le texte.

Les principaux illustrateurs sont : MM. *Adan*, *J. Blanc*, *G. Boulanger*, *Bayard*, *Benjamin Constant*, *Besnard*, *Cabanel*, *Cormon*, *Comerre*, *Deschamps*, *Duez*, *Dalou*, *Debat-Ponsan*, *Courtois*, *Dagnan-Bouveret*, *Français*, *F. Fla-*

meng, *Fantin-Latour*, *Doucet*, *Dantan*, *Raphaël Collin*, *Gervex*, *Gérôme*, *Henner*, *Heilbuth*, *E. Lévy*, *J.-P. Laurens*, *Jules Lefebvre*, *Lhermitte*, *Mercié*, *Le Blant*, *Rodin*, *Ribot*, *T. Robert-Fleury*, *M*[me] *Madeleine Lemaire*, etc.

II — THÉATRE

Le *Théâtre de Victor Hugo* forme 4 volumes in-4 comprenant 24 grandes eaux-fortes hors texte et 50 eaux-fortes imprimées dans le texte.

Illustrateurs : MM. *Bordes* et *Henri Pille*, pour *Cromwell*; *Adrien Moreau*, pour *le Roi s'amuse*; *Bida*, pour *Hernani*; *Maurice Leloir*, pour *Marion de Lorme*; *Albert Maignan*, pour *Lucrèce Borgia*; *Moreau de Tours*, pour *Marie Tudor*; *Henri Martin*, pour *Angelo*; *Lalauze*, pour *la Esméralda*; *Lucien Mélingue*, pour *Ruy-Blas*, et *Rochegrosse*, pour *les Burgraves*.

Les compositions de ces deux importantes séries ont été gravées par nos meilleurs artistes, MM. Abot, Bracquemond, Courtry, Champollion, Le Couteux, Chauvel, Léopold Flameng, Géry-Bichard, Laguillermie, Lefort Gaujean, Lalauze, Didier, Achille Jacquet, Le Rat, Monziès, Mongin, Buland, Deblois, Ruet, Vion, etc., etc.

III — ROMAN

Les *romans de Victor Hugo* formeront 14 volumes. L'illustration se composera d'environ 600 eaux-fortes, dont 70 grandes planches hors texte. Les quatre premiers volumes sont publiés, ils comprennent :

Han d'Islande, avec les illustrations de *Démarest*; *Bug-Jargal*, illustré par *George Roux*; *le Dernier Jour d'un condamné* et *Claude Gueux*, avec les compositions de Raffaëlli ; et enfin *Notre-Dame de Paris* (2 volumes), avec 73 compositions de *Luc Olivier-Merson*, toutes gravées à l'eau-forte par *Géry-Bichard*.

Nous avons en cours de publication *les Misérables*, 5 volumes, qui contiendront près de 250 eaux-fortes, d'après les dessins originaux de *G. Jeanniot*. Nous donnerons ensuite *les Travailleurs de la Mer*, avec 75 eaux-fortes d'après les compositions originales de *Duez*.

Deuxième série

ŒUVRES DE MOLIÈRE

Les Œuvres complètes de J.-B.-P. de Molière, en cours de publication, seront ornées de 750 compositions inédites de MM. *Jacques Leman* et *Maurice Leloir*.

Cette édition, du format in-4 raisin, paraît par pièces détachées, complètes, avec titres et pagination spéciale. Elle est imprimée en caractères elzéviriens du dix-septième siècle. C'est la réimpression textuelle des *éditions originales*, augmentées de *Notices* par M. Anat. de Montaiglon.

L'ensemble formera 32 *fascicules*. Les 16 *premières pièces* sont publiées. Elles contiennent près de 400 compositions originales de *Jacques Leman*.

Troisième série

COLLECTION ARTISTIQUE

Sous ce titre général, nous comptons publier, avec un grand luxe d'illustrations, une série d'ouvrages de nos meilleurs auteurs modernes.

Deux volumes de cette collection ont été édités en 1889 :

I° Chronique du Règne de Charles IX, par *Prosper Mérimée*, un volume in-8 jésus, imprimé par *Chamerot*, illustré par *Edouard Toudouze* de 110 compositions gravées sur bois par MM. *Dutheil*, *Froment*, *Méaulle*, *Rousseau* et *Thomas*, — et un album contenant une *Préface* par *Francisque Sarcey*, avec 8 planches gravées à l'eau-forte par *Abot*, d'après les compositions de *Toudouze*;

II° Les Chouans, par *H. de Balzac*, un volume in-8

jésus imprimé par *Chamerot*, illustré par *Julien Le Blant* de 103 compositions gravées sur bois par *Léveillé*, — et un album contenant une Préface de *Jules Simon*, avec 8 planches hors texte gravées à l'eau-forte par *Boilvin*, d'après les compositions de *Le Blant*.

Nous donnerons à la fin de cette année un troisième ouvrage : Les Beaux Messieurs de Bois-Doré, par *George Sand*, 2 volumes in-8 jésus avec 250 gravures sur bois d'après les compositions originales d'*Adrien Moreau*.

Quatrième série

OUVRAGES DIVERS

Les Mois, par *Alexandre Cabanel*. Album demi-colombier, renfermant 12 pl. gravées au burin par *Achille Jacquet*, d'après les superbes panneaux décoratifs de l'ancien Hôtel de Ville, peints par *Alexandre Cabanel*, et détruits en 1871. Il contient, en outre, un titre et un faux titre imprimés en rouge et noir, avec un fleuron gravé par *A. Jacquet*, d'après une composition originale de *Cabanel*.

Les Costumes de La Esméralda. — Un album contenant quinze planches gravées en couleur par *A. Guillaumet fils*, d'après les aquarelles de *Louis Boulanger*; un fac-similé de l'affiche de la première représentation ; une gravure de *Célestin Nanteuil : la Cour des Miracles*; un texte de *Ch. Nuitter*, et enfin des extraits de la partition de *Louise Bertin*.

La Vie de Victor Hugo, par *Louis Ulbach*, ouvrage publié parallèlement à l'Édition nationale et offert gratuitement, à titre de *Prime*, à nos souscripteurs aux *Œuvres de Victor Hugo*.

Revue de Famille, première année, publication bi-mensuelle fondée le 15 mai 1888, sous la direction littéraire de M. Jules Simon, de l'Académie française.

MARQUE DE SÉBASTIEN CRAMOISY

Imprimeur à Paris, 1585-1669

Deux cigognes volant, dont l'une soutient et nourrit l'autre, au centre de quatre médaillons représentant des scènes de piété filiale (Voir *l'Inventaire des Marques d'imprimeurs et de libraires,* par M. Paul Delalain). Sur les côtés se lit une devise latine qui signifie : « Honore ton père et ta mère afin de vivre longtemps sur la terre. » — Sébastien Cramoisy fut le premier directeur de l'Imprimerie royale du Louvre (1640) ; cette direction resta dans la famille jusqu'en 1701.

TABLE DES MATIÈRES

LE CERCLE DE LA LIBRAIRIE

CATALOGUE DE L'EXPOSITION

MARQUE EMPLOYÉE PAR AUGUSTE DELALAIN
DE 1808 à 1836

MARQUE DE ROBERT ESTIENNE

IMPRIMEUR A PARIS, 1504-1564

Un thyrse entortillé d'un serpent et d'une tige de lierre. Dans quelques exemplaires, cette marque est accompagnée d'une devise grecque qui signifie : « Au noble roi et au guerrier puissant. » C'était la marque et la devise des imprimeurs royaux pour les lettres grecques. (Voir l'*Inventaire des marques d'imprimeurs et de libraires*, par M. Paul Delalain.)

IMPRIMÉ

PAR D. DUMOULIN ET Cie, A PARIS

AVEC LES CARACTÈRES DE LA *FONDERIE GÉNÉRALE*

SUR PAPIER DES *PAPETERIES DU MARAIS*

MARQUE DE HUGUES BARBOU

Libraire et imprimeur à Bourges, XVIe siècle

Une main tenant une tige de blé et une palme, sur un écu supporté par deux lions, avec une devise qui signifie : « Le but du travail, c'est l'honneur. »

CHIFFRE DE FRANÇOIS FOPPENS
LIBRAIRE A ANVERS EN 1696

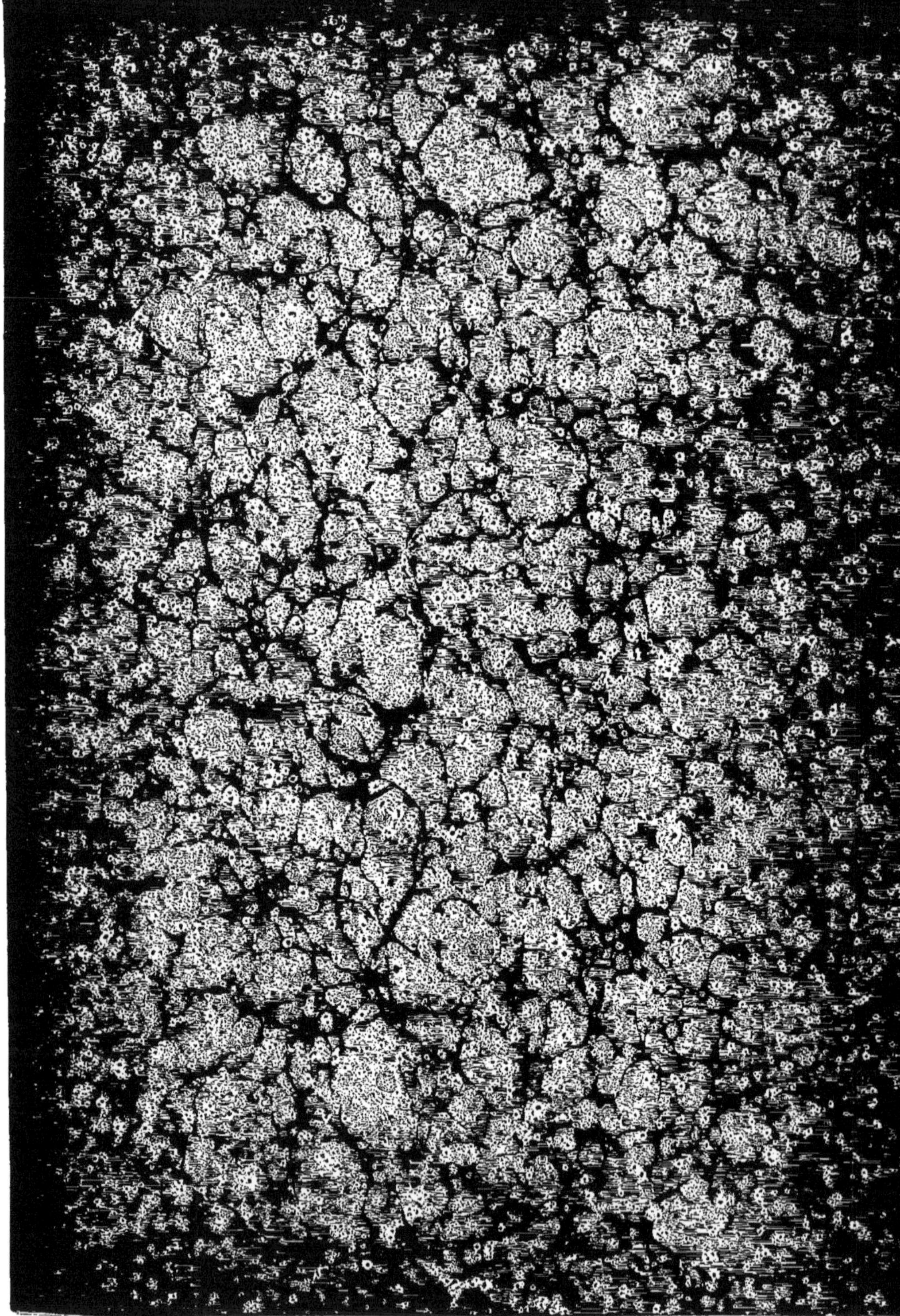

www.ingramcontent.com/pod-product-compliance
Ingram Content Group UK Ltd.
Pitfield, Milton Keynes, MK11 3LW, UK
UKHW020328230726
13925UKWH00002B/683

9 782014 437270